ネガティブも、ツライ現実も大チェンジ

ほっトレ

ほっとする
マインドトレーナー
小林真純 著

WAVE出版

はじめに

「なんでうまくいかないんだろう？」

そんな気持ちで本書を手に取ってくださったあなた、おめでとうございます！

やっと、そのうまくいかないループから抜け出せるときがきましたね。


願いを叶えたら幸せになれる――きっと多くの人がそう思っていることでしょう。

でもね、本当のことを言っちゃいます。

私たちは願いを叶えたり、悩みをなくすから、幸せになれるわけではないのです。


みなさんの中には、「願望実現」や「引き寄せ」などの本をご覧になっている方もいらっしゃるかもしれません。そこには、

「ワクワクすることをしましょう♡」

「願いが叶った自分をリアルにイメージするのが大事」

「ポジティブに波動を上げていきましょう」

ということが書かれていますよね。


でも、ワクワクするようなことをしていても、すぐにどんよりした状態になったり、せっかく気分よく過ごしていても、たとえばお店での失礼な接客にイライラして、そのことに気をとられたり……。また、ものすごく叶えたいと思っていることや克服したいことなどにもあまり効果が得られず、

「どうしたら、ネガティブな気持ちをなくせるんだろう?」

「どうしたら、自分の理想の状態になれるのかなあ?」


と思ってしまう人は多いですよね。

実は、私もその1人でした。


——みなさん、こんにちは。私は、『ほっとするトレーニング』を主宰する、ほっ

とするマインドトレーナーの小林真純です。私は今まで、スピリチュアルや心の仕組み、そして宇宙の仕組みを学び、それが本当にあるのかを確かめるため、自分で実際に体験していくことを繰り返しながら、自分の変化や気づいたことをブログや講座、セッションなどでお話ししてきました。

現在は、「ほっとする意識」で生きられる人たちを増やすため、3000人以上の方々の「自己受容」や「自己実現」のお手伝いをさせていただいています。

そこで、私からあなたに質問です。

あなたには叶えたい願いがありますか？

あなたはなぜ、その願いを叶えたいと思っているのですか？

願いがなくて悶々としている人は、なぜ「願いをもたなければならない」と思っているのですか？

この「そもそも」の質問を、実は私も自分にしてみました。

すると、意外なことに、**「安心したい」**から、何か願いを叶えなければいけないと思っていたことがわかったのです。

そこで私は、その本来の目的である「安心する」を日常の中で感じるように意識して過ごしてみることにしました。

でも、これが思っている以上に難しい！

なぜなら、**不安や心配、不満といった感情が次々と湧いてくるから**です。

ここからが、私の「ほっと」するためのトレーニングの本格的な始まりです。本書で詳しく述べますが、『ほっとするトレーニング』に取り組むようになると、日常で気づかないうちに、**ネガティブになっている自分**にたびたび出会うようになります。

でもそれは、**「意識を変えるチャンス！」**なんですね。

そう、**自分を「ほっと」させてあげると、不思議と現実も好転していくのです！**

実際に、このトレーニングに取り組んだ方々からは、

「職場でいじめられていたのに、突然まわりの人が優しくなった」

「不登校で悩んでいた子どもが、急に学校に行くようになった」

「長年の願いがすんなり叶った」

などのご報告をたくさんいただいています。


本書は、『ほっとするトレーニング』の基礎編として、**あなたがどうしたら不安のない「ほっと」できる人生を送っていけるのか**を中心にまとめました。

序章では、私が『ほっとするトレーニング』をどのように体感していったか、第１章、第２章ではトレーニングの土台となる私たちの**《無意識》の世界について**、第３章では実際に**読者のみなさんに取り組んでいただくトレーニング**を紹介します。そして、第４章ではこれまで**トレーニングを体験してくださった方々の事例**、第５章では**多くの方々から寄せられた質問**をQ＆Aの形でまとめています。


自分の中で「意識の変化」が起こっていくことを実感しながら、読み進んでいってください。なかでも第３章のトレーニングは、どれも5分ほどでできますので、しんどいことがあったときや、うまくいかないと感じたときに、まずはあなたがピンとくるトレーニングから試していってください。

願いを叶える本はたくさんあります。それらはどれも、とても素晴らしいものです。でも、そこに書いてある方法を試す前に、**まずは本書で、あなたの土台である《無意識》を「ほっと」させてあげてください。**

そして、あなたが望んでいた以上の世界が広がっていくことを体感してもらえれば、私にとって、それほど嬉しいことはありません。

それでは、早速始めましょう！

２０２１年12月

小林　真純

ネガティブも、ツラい現実も大チェンジ　**ほっトレ**　目次

序章

あの日、私が一番ほしかったものがやってきた！

第1章 うまくいかないのは《無意識》に支配されているから

第2章 わかれば「ほっと」する意識の力

第3章

『ほっとするトレーニング』で目の前の現実を書き換えていこう

第4章

「ほっと」したらこんなに変わった! 6つの幸せをあなたへ

装丁　トヨハラフミオ（As制作室）
イラスト　篠本映
編集協力　藤原裕美　竹内葉子
編集　大石聡子
DTP　NOAH

序章

あの日、
私が一番ほしかった
ものがやってきた！

《無意識》に思うことって、ほとんどがネガティブ？

「あんなふうになったら、どうしよう？」

「あの人はできているのに、なんで私にはできないんだろう？」

「どうせ私は、何をやってもダメだ」

「きっと○○さんに、何か悪いことを言われるに違いない」


人は悩んでいるとき、ついついこんなふうに思ってしまいがちです。あなたも今、この本を手に取りながら、まさにそうなっていたと感じているかもしれませんね。

実は、それこそが《無意識》の得意技。私たちが**《無意識》に考えることは基本的にネガティブな内容が大半**なのです。人は1日に6万回思考していると言われていますが、なんとその8割が「ネガティブ思考」。ビックリしますよね。

序章
あの日、私が一番ほしかったものが
やってきた！

しかも《無意識》なのですから、ほぼ自動的に行われるのです。気づけば四六時中「ネガティブ思考」にとらわれていた、なんていうことも当然起こります。

何を隠そう、かつてはこの私も、その「ネガティブ思考」にとらわれていた1人。ネガティブなことを考えては自分を責める……といった負のループをグルグルとまわり続けていたのです。

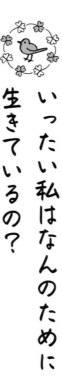

いったい私はなんのために生きているの？

当時の私は、3歳と1歳の息子を抱えて、家事と育児に追われる専業主婦でした。子どものころから「女性の幸せは好きな人と20代で結婚し、夫や子どもと素敵な家で暮らすことだ」と、なんの疑いもなく思っていた私は、そのレールから外れないように一生懸命生きていました。そして、

「それができている私は、たぶん幸せなんだ」

と思っていたのです。

でも現実は……**四六時中湧いてくる不安や不満と、得体の知れない〝追われている感〟とで、ちっとも幸せを感じる余裕なんてありませんでした。**

「幸せなはずなのに、なんでこんなに次々と負の感情が出てくるんだろう？」

「私はおかしいの？」

とさえ思っていたのです。

もともと長女として育った私は正義感のかたまりで、「こうあらねばならない」という思いが強く、なんでもキッチリこなしたい性格。「いい奥さんでありたい」「いいお母さんでありたい」という思いは、人一倍強いほうでした。

そのため、家族にも「悩み製造機」と言われるくらい、いろいろと考えすぎる結果、悩んで眠れず、気づけば朝になっていたということもたびたび。

一方夫は、ものすごく忙しい職場で働いていて、帰宅するのは毎日夜中の0時過ぎ。

そこから食事とお風呂、睡眠をとって、朝の5時には家を出る生活。休みも月に数日しか取れず、たまに取れた日はほとんど寝ていて、夜中には呼吸ができなくなるような発作が何度も起こり、まさに過労死寸前だったのです。

希望と弾けるようなワクワク感いっぱいで購入した35年ローンのマイホームも、そのころの私たち夫婦にとっては、負担でしかなくなっていました。

しかも**私には、そんな状況を相談できる人もいませんでした。**張り詰めた緊張感や不安、疲労感の中で、ある朝私は、ベッドから起き上がれず、そのままほぼ寝たきりの状態になってしまったのです。

「子どもたちは可愛く思えるのに、子育てが辛すぎる」

「買った家をいつもキレイにしておきたいのに、家事をするのが辛すぎる」

「こんなに体が辛いのに、誰にも頼れない」

「みんなが当たり前にやっていることを、どうして私はできないの？」

ベッドから起き上がる気力もない中、私は天井を見上げながら何度も何度も自分を責め続けました。そして気づけば、同じことばかり考えるようになっていました。

「私はなんのために生きているんだろう？」

まさか私自身がこんな地獄を つくっていたなんて！

ある日のこと。そんな私の状況を知らないママ友が、1冊の本を貸してくれました。

それは江原啓之さんの『スピリチュアルな人生に目覚めるために――心に「人生の地図」を持つ』（新潮文庫）で、そこに次のようなことが書かれていたのです。

『今あなたに起きていることは、すべては今までのあなた自身が作り出した現実にほかなりません。そして今後の人生を作り出していくのも、すべてあなたの自由意思です』

これは、**「自分のまわりにあるものはすべて、自分が引き寄せているものである」**という「引き寄せの法則」を知っている人ならば、誰もが耳にタコができるくらい聞いてきた言葉ですよね。

でも、それを知らなかった私は、この言葉を読んだとき、

「この現実を私がつくる？　こんな地獄みたいにひどい現実を、誰がつくるって⁉」

と、無性に腹が立ったのです。こんな大変な毎日を、どうして私自身がつくるのか、理解できなかったんですね。

けれども、そのあとに起きた事件で、私の考えは大きく変わることになりました。

その日は朝から体調が幾分かよく、起き上がっていられる時間もあったので、私は溜まっていた家事をやり、なんとか夕ご飯をつくろうとがんばっていました。すると、

「ママ〜、ウンチ出た〜！」

という息子の声。途端にイヤな予感が走りました。

恐る恐る廊下に出てみると……、なんと、掃除したばかりの廊下のど真ん中に、ウンチがいくつも立っているではありませんか。しかもそれを足で踏んだ息子は、ニコニコしながら次男がスヤスヤ寝ているベビーベッドに上がろうとしている！

「や〜め〜て〜〜〜〜！」

「こんな地獄も、私がつくっているのかよ〜！」

私はものすごい怒りが込み上げ、怒鳴る自分を抑えられず、泣きじゃくりながら必死で掃除をしました。すると、たまたま早く帰ってきた夫がその惨状を見て、

「大丈夫か？　何があった？」

と駆け寄ってくるではありませんか。それと同時に、私は叫んでいました。

「もうイヤだ！　こんな毎日はイヤだ！　いいお母さんでいたいのに、いい奥さんでいたいのに、いつも何かが起きて、いい私でいられなくなる。もう、ムリ。生きていることに疲れた。もう、死にたい！」

そしてそれを聞いた夫は、私を抱きしめながらこう言ってくれたのです。

「こんな思いをさせて、ごめん。オレは真純が笑っていないとイヤなんだ。もう、何もしなくていいから。**生きているだけでいいから！**」

「……えっ？　生きているだけでいい!?　生きているだけでいいの？」

どこかでずっと、**自分が不幸なのは、何か運命のようなものや、ほかの誰かのせい**

だと漠然と思っていた私は、その言葉に衝撃を受け、その夜も、また次の日も、頭の中でこの言葉を繰り返し反芻していました。

「生きているだけでいい」だなんて、これまで思ったこともない。

だって、家事も育児も、私がやらなかったら誰がやるの？　あのウンチ事件だって、私が掃除しなかったら、家中ウンチだらけになっていたじゃない。「生きているだけでいい」なんて、そんなのムリに決まっている……。

でも、確かママ友が貸してくれた本には、「人生は今からでも自由に変えていける」とあったな。生きているだけでいい世界が本当にあるのなら、見てみたい。

どの道、この状態のままでは「幸せな未来」なんて描けるわけがないんだから、あの本に書いてあることをやってみようかな。今までの人生を私がつくってきたのなら、**これからの人生も自分でつくれるっていうことでしょう？　この世界を自分で変えることができるのなら、やってみよう――。**

そうして私は、この目に見えない仕組みが本当にあるのかどうかを確かめるために、疑心暗鬼のまま、実験してみることにしたのです。

「やらなきゃ」を手放したら現実が動き出した

そのあともしばらくの間、「生きているだけでいい」という言葉は、私の頭の中をメリーゴーランドのようにグルグルまわっていました。

でも、それをかき消すように、「家事をしなきゃ」「子どもたちのことをやらなきゃ」という声が、頭の中を占領してくる。ふと気づくと、頭の中にそうした言葉がモグラ叩きのように出てくるのです。

私はこんなにも膨大な「やらなきゃ」を抱えていたんだと、正直、驚きました。それまでは、そんなことにすら気づかなかったのです。

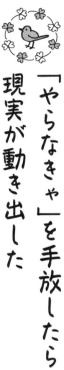

「生きているだけでいい」VS「やらなきゃいけないこと」の関係で言うと、それまでの私は、ほぼ100％が後者でした。けれども、本当に人生を変えたいのなら、逆のことをやる必要があります。

そこで私は、「やらなきゃ」と思っていることが、「本当にそうしなきゃいけないこと」なのかどうかを精査することにしました。**自分が1日とか1週間のうちに「やらなきゃ」と思っていることを、ノートに書き出してみた**のです。

毎日、食器を洗う、洗濯をする、お風呂掃除をする、掃除機をかける、買い物に行く、ごはんを3食つくる、子どもたちの面倒を見る、幼稚園に連れていく、習い事に連れていく、いいお母さんでいる……。

すると、面白いことに気づきました。**「やらなきゃ」と思っていることの大半は、やらなくても死なないこと、つまり、生きることに直結していない**のです。「こうなったら大変だから」という不安からやっていたことがたくさんありました。そして、

序章
あの日、私が一番ほしかったものが
やってきた！

「今は自分を立て直すとき。必要最低限のことだけして、あとは自分をとことん休ませよう」

と腹をくくり、あえてやらないことを増やしていったのです。

そうしていくうちに、**〝私の世界〟にいろいろな変化が起こり始めました。**

最初の変化は、夫の職場が変わって土日が休みになったこと。仕事の忙しさは相変わらずでしたが、「土日は夫が家にいる」と思えるだけで、「ほっと」できました。

また、私の体の具合を伝えると、義理の母と実の妹が快く手伝いに来てくれるように。そのたびに心の中の「忙しいのに悪いな」という〝罪悪感〟との葛藤はありましたが、「生きているだけでいい」という言葉が、私の背中を押してくれました。

そして起きていられる時間が増え、子どもたちと過ごす時間も楽しくいられるようになると、あり得ないことばかりしでかしていた息子たちも、なぜか突拍子もないやんちゃをしなくなっていきました。毎日のように怒鳴り声が響いていたわが家に、笑い声の聞こえる日々が増えていったのです。

それでも目の前に立ちふさがった難題

以前の私は、「理想の自分になりたい」「理想の状態をつくりたい」という目的のために、「しなければならないこと」をたくさん自分に課していました。

そんなことでは、「今の自分」を否定し続けることになるのですから、苦しいはずですよね。

誰にも頼らず、1人でがんばっていたのも、**「できない自分」「ダメな自分」は、誰かに否定されると思っていたから**です。でも、**誰よりも一番そう思っていたのは〝私自身〟**だったのです。

「できない私でもいいんだ」

そうやって自分を許せたことで、私の気持ちは楽になり、その〝生きる世界〟も優

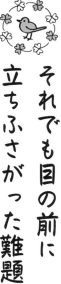

しくなっていきました。

とはいえ、「今の現実をつくっているのは私自身」ということを受け入れることは、決して易しいことではありませんでした。

でも、受け入れることがこんなにも現実を変えるのなら、私はこの目に見えない仕組みをもっと探究していきたい。以前の私と同じように、苦しみながら生きている人たちに大事な仕組みを伝えていきたい――。

そう思うようになってからは、私は目に見えない世界の仕組みや人の心を学び始めました。そうしているうちに、カウンセリング活動も開始し、多くの方々とお会いする機会を増やしていきました。そして、気功師であった母の教室で、自分の体験をお話しするようにもなったのです。

しかし、そんな私に、また新たな難題が降ってきました――カウンセラーとして起業した矢先に、次々と問題が起こったのです。

息子が病気で入院したり、家族で乗っていたクルマが事故に遭い、私がムチ打ちでしばらく寝たきりになってしまったり……。頭の上にフタをされているように、先に進めない何かがある気がしてなりませんでした。

そんなとき、たまたまテレビに出ていた心理カウンセラーの心屋仁之助さんを知ったのです。

「やってみたい！」が人生を大きく動かした

心屋さんのホームページを覗いてみると、そのときはちょうどビジネスコンサルティング講座の募集をしていました。でも、その金額は、２日間でなんと63万円！

最初にその額を見たときは、数字を見間違えたのかと思い、何度も見直しました。でも、やっぱりその金額……。正直私には、そんなに自由に使えるお金はありませんでした。**それでも行ってみたい。ここに答えがあるような気がする――私は勇気を出して、申し込みのボタンを押しました。**

「実は今、私の手元にはこのお金はありません。でも、申し込むことで何かが動く気がするので、申し込ませてください」

という言葉を書き添えて……。それは私にとって、一世一代とも思える大きな賭けだったのです。

すると、その直後にスマホの着信音が。それは妹からでした。話し始めるなり私が、

「実は今ね、ちょうど心屋さんの講座を申し込んだところだったの。ドキドキした〜。だって、63万円よ！　そんなお金ないのに、私、どうなっちゃうんだろう？」

と言うと、そのあと妹が、耳を疑うようなことをサラッと言ったのです。

「お金、貸そうか？」

「えっ？　ええっー？」

「うん、お姉ちゃんならいいよ。だって信用しているし」

そして翌日にはそのお金が私の手元に届き、無事に入金することができました。

私の境界を越えさせてくれた〝魔法の言葉〟

ドキドキして迎えた講座の日。

それはグループセッションのような形で進み、1人ひとりのビジネスに関する悩みに、心屋さんが〝魔法の言葉〟で問題の本質を洗い出していく、そんな時間でした。

そして、いよいよ私の番がまわってきました。

私は、前述した自分の経験と、仕事が忙しくなるにつれ、子どもが寂しそうにしていて、罪悪感を感じていること、SNSに「インチキ、死ね」と書き込まれ、イヤがらせのようなことが続いていたことを話しました。

そして、カウンセラーなので、こうした悩む姿を誰にも見せられず、どうしたらいいのかを教えてほしいと伝えたのです。

すると、そこには衝撃の展開が待ち受けていました。心屋さんが言ったのです。

「スピリチュアルをやめてもいいって、君は言える？」

「私はインチキですって、言ってみて！」

「えっ？　この人、何を言わせるの？　そんなこと、言えない……」

私はそう思った瞬間、堰を切ったように涙が出てきて、言葉も出なくなってしまいました。私がスピリチュアルを伝えていくことは、地獄のような暗黒期を救うきっかけをつくってくれた江原さんへの恩返しでもありました。

そのスピリチュアルをやめるって、私にこの活動をやめろっていうこと？

そんな私を見て、心屋さんが言ってくれたのは、次の言葉でした。

「あのね、あなたの中で恩返しって気持ちで活動しているとね、あなたが出てこないのよ。今のあなたは師匠という虎の皮を被っている状態。だから、あなたが出てこない。**あなたがあなたの人生を生きることが、そのままカウンセリングになるんだよ**」

また、**自分を否定していることが頭打ちの状態をつくり出していること**。だからこそ、悩んでいることをもっとさらけ出していけば、面白いことが起こる、と教えてくれました。

そして、その翌日から私は、立ち直るきっかけとなった心の後ろ盾を手放し、あるがままの自分をさらけ出して、体験したことをそのままブログに書くようになりました。するとどうでしょう、ブログのアクセス数はうなぎ上り、新しく始めたセミナーにもたくさんの人たちが足を運んでくれるようになっていったのです。

さらにその勢いで私は、大きな会場でセミナーを開催する、カウンセリングスクールを始める、セミナーは毎回満席になり、ブログアクセスも2万件超え、ビジネスクラスで毎年ハワイに行く、家の隣にサロンを建てる、月5日間働いて、月に300万円稼ぐ、当時のフジテレビの人気番組『SMAP×SMAP』に思わぬ形で出演する（笑）……など、自分のやりたいことを次々と叶えていったのです。

しかし……、**時が経つにつれて、私の中では得体の知れない〝不安〟が徐々に広がり始めていました。**その「ネガティブな感情」をどうすればいいのかわからなかった私は、またそれにフタをするようにごまかしながら、誰かの期待に応えることに躍起になり、仕事に明け暮れる日々を過ごすようになったのです。

そして2017年、アメリカ合衆国アリゾナ州のセドナを訪れたことを境に、私の積み上げてきた現実は、音を立てるように崩れていったのです。

どん底の中で聞こえた声に導かれて

ああ、こんなにも物事が面白いくらいに進んでいくなんて。もしかしたらもう、苦労したくてもできなくなるときがくるのかも。

聖地セドナを訪れることも実現したし、「こうなったらいいな」と思えば、その情報を教えてくれる人に出会い、いろいろなシンクロが起こって、物事が思っていた以上の流れで叶っていく。本当に信じていることを変えるだけで、こんなにもエネルギーが軽いなんて！

――私はセドナの山々を見ながら、そんなことを母や妹と話していました。

バシャール（メッセンジャー）から新しい時代のお話を聞き、それを数日間で体感できた私は、将来はそうしたエネルギーが大事になってくるに違いないと感じ、その体験を日本で伝えようと決意し、帰国したのです。

しかし、そこに待ち受けていたのは……、**セドナでの思いとは裏腹の、どん底のような現実**でした。まわりにいた人たちが1人、2人とどんどん離れていき、それまで順調だった仕事も突然うまくいかなくなり、お金も底をついて、私自身も入院、手術と、とんでもなく悲惨な状況に陥ったのです。

あんなにエネルギーが高い状態で帰ってきたのに、なんでこんなことが起きるの⁉ 考えても考えても、まったくわけがわかりませんでした。

私の何がいけなかったのか。がんばり方さえわかれば、どれだけでもがんばるのに、その方法もわからないなんて、八方塞がりとはこういうことかと、病室の天井を見上げながら、やり場のない気持ちに打ちひしがれていました。

退院してからも、やることがなくなった私は、毎日自宅のベッドの中で、自分を責めたり、原因探しをしたりして、自分をどんどん追い詰めていったのです。

そしてある日、どうしようもなくなった私は、宇宙に向かって悪態をつきました。

「なんでこんなことになっちゃったの？　何をどうすればいいのか、教えて！」

するとと翌朝の起きがけに、どこからかこんな声が聞こえてきたのです。

「自己受容を伝えて！」


「……ん？　自己受容ってなんだ？」

そう思ってすぐさま枕元にあったスマホで検索をかけると、こうありました。

『自己受容とは、ありのままの自分を受け入れること』

〝ありのまま〟って、まるで『アナ雪』だな。そういえば、主人公の1人、エルサは、自分はダメだと思って隠していたことがバレて、もうどうにでもなれと思ってみんなのところを離れて……、それからどうしたんだっけ？

う〜ん、よく思い出せないけど、確かエルサは、みんなと離れたあとのほうが生き生きしていたよね。よし、とりあえずは私も〝ありのまま〟を受け入れてみよう！


——そんなことを思いながら、「自己受容」の説明にまた目を戻すと、

『自分の中のネガティブをそのまま受け入れることが受容になる』

とありました。そこで私は決めたのです。

「今の私なら、ネガティブな気持ちは毎日湧いてくる。これならできる！」

その日から私は、ネガティブな感情が湧いてくるたびに、ノートに罵詈雑言としてその不安を吐き出して、もう1人の自分の話を聞いてあげるように、ネガティブな私自身を受け入れることを繰り返していきました。

そして、次第に心が「ほっと」落ち着く

ようになったのです。

私が本当にほしかったのは
これだったんだ！

そんなある日のこと。カフェでいつものようにノートに心のモヤモヤを吐き出していると、1人の浮浪者が目の前を通っていきました。

その姿を見ながら私の心にはふと、宇宙の法則は誰に対しても平等に働いていると言うけれど、なぜ豊かになる人とそうではない人がいるのか、という疑問が湧いたのです。そして、

「私もこのまま終わってしまうのではないか？　それは絶対にイヤ……」

と思った瞬間、全身にビリビリッと電流のような感覚が走ったのです。

思い描いていた自分になれていないことに、不安や焦りを感じていたけれど、今の

私はそんなにダメなんだろうか？　何もかもうまくいかないと思っていたけれど、本当にそうなのか？　今の私は理想どおりではないかもしれない。でも、そもそも私は、何かができるから素晴らしいわけじゃない……。

「そうか！　ありのままの私って、〝この私〟でよかったんだ」

そう思ったとたん、全身の力が「ほっと」抜けて、涙が溢れたのです。

その翌日から、私を取り巻く現実はガラッと変わっていきました。１３６円しかなかった銀行口座に３００万円が入ってきたり、仕事がうまくいかず閑古鳥が鳴いていたのに、突然全国から申し込みが入るようになったり、新しい出会いが次々と生まれたりするようになったのです。

そして思ったのです。「これ、10年前と一緒だな」と。

そう、あのときもそうでした。「生きているだけでいい」――そう夫が言ってくれて、私自身も自分に許可できたとき、現実が好転していったのです。

人は何度も同じ過ちを繰り返します。願いがいくら叶っても、人はこの本質を忘れ

たら、思うように進めなくなる――こうした気づきは、願いを叶えることに必死だった私にとって、〝今のありのままの自分〟を受け入れることが、何よりも大事なのだと思い出させてくれました。

そしてその日から私は、毎日のようにノートと向き合い、「ネガティブな感情」を吐き出し、それを受容することを繰り返していったのです。

――目に見えない世界の仕組みが本当にあるのかを確かめたくて始めたさまざまな体験。そこで私は、やりたいと思ったことにはすべてトライしてきました。

でも、なぜそうしたいと思ったのかについては、あまり深く考えたことがありませんでした。また、叶えたいという思いが強いことほど、なかなか叶わないということもありました。**人は「願いを叶えたい」と思っても、それが実現したあとのことはほとんど考えない**ものですが、私もそうだったんです。

願いを叶えたあとも、毎日の生活は普通に続いていきます。当たり前のことですが、サロンをもったとしても、その**あとには継続する責任が生じます。**たとえば、サロンの家賃を払っていくことなどの現実が待っているのです。

そうなると今度は、家賃を払い続けることが仕事の目的となり、私のような個人事業主はとくに、稼ぎ続けなければならなくなる。要するに、家賃を払うために仕事をしている感覚になって、最初はルンルンしながらやっていた仕事に対しても、集客がうまく進まなかったり、お金がうまくまわらなくなったりすることで、**焦りや不安を感じることが多くなっていく**のです。

ブログのアクセス数についても、2万件を超えることはあっても、その状態を維持していくには大きなプレッシャーがあって、自分が発信したいと思うものより、読者の反応を気にしたものを書くようになります。数字とは面白いもので、アクセス数が500しかなかったころは、2万件のアクセス数は夢のような話だったのに、一度そこに到達すると、その数が少し落ち込むだけで、不安や焦りが出てくるもの。

私の場合、最初は自分のために始めたことが、**いつの間にか誰かの期待に応えることになっていた**ことにも気づかされました。そうして1つひとつ積み重なったネガティブな感情が、雨空の雲のように私の日常を覆い尽くしていったのです。

私は、どうしたらこの状況をなくせるのか、ずっとわからずにいました。

けれども、毎日の中で湧いてくるネガティブな感情は、排除したり、消えるのをただ待ったりするのではなく、**自分とちゃんと対話していくことで「自己受容」でき、その中で私も「ほっと」できる**ことがわかりました。

理想を叶えることで埋めていた心の穴は、自分が「ほっとすること」に意識を合わせることで、満たすことができたのです。


それを知ったことは、本当に大きかった。何かをして満たされることが大事なのではなく、**〝今の自分〟を受け入れることで、安心の土台を自分で築くことができる。**

この土台があるかないかが、ものすごく大事なんですね。

そう、私が本当にほしかったのは、この**「ほっとした感覚」＝安心**だったのです。


そうして私は、この「ほっとする感覚」を意識することで、どんな人生が展開していくのかが、とても楽しみになりました。たとえば、この本の出版もその楽しみの1つ。それは、本を出すことは、今までも何度もトライしてきたことだけれど、まったく叶わないことだったからです。

今ではこの「ほっとする習慣」を『ほっとするトレーニング』と名づけ、クライアントさんに取り組んでもらい、何をやっても現実が変わらなかった人たちが、次々と変化を起こし、望んだことを思わぬ形で叶えていくようになっています。

そして、その経験を通してわかったのが、**「ほっとすることの鍵は《無意識》にある」**ということでした。

次章からは、私たちの不安や悩みの土台にある《無意識》と、それをどうやって「ほっと」することに結びつけていけばいいのかをお話ししていきましょう。

第1章

うまくいかないのは《無意識》に支配されているから

あなたの悩みの根っこには《無意識》がある

あなたにも、思い当たることはありませんか？　悩みを抱えると、目の前で起きていることにとらわれて、その状況をなんとかしようとしてしまうこと。

でも、それでは思うようにいかないことが多いですよね。たとえそのときは問題が解決したように見えても、また別のところで同じようなことに直面してしまう……。

それは、目の前に見えているのは、本当の問題ではないからです。**問題は、私たちの感情の土台となる《無意識》（潜在意識）にある**のです。

序章でもお話ししたように、私の場合、悩んだり、うまくいかなかったりしたときに《無意識》に考えていたのは、「自分にはないもの」「自分には変えられないこと」

から派生したことばかり。

だから、表面的な「幸せ」を追いかけていたし、「他人からどう思われているか」がとても重要だった。〝理想の自分〟になるまでは、「今の自分」を認めてはいけないと思っていたんですね。

私のクライアントさんたちの場合もそうで、悩んでいることを追究していくと、**その根っこの多くには「自分には価値がない」「力がない」「この現実は変えられない」という思考がありました。**これは、このあと第2章で詳しく説明しますが、《無意識》（潜在意識）に思っていることのあらわれなんですね。**《無意識》を野放しにしていると、必ずと言っていいほど、こうした「思考パターン」に陥る**のです。

こうした「思考パターン」で湧いてくる感情には、不安、心配、恐れ、焦り、人との比較、罪悪感、無価値感などがあります。表現を変えると、「できない」「ムリ」「ダメ」「〜しなきゃ」「〜するべき」「正解は何か？」という感じでしょうか。これを行動として見ると、うまくいくことより、うまくいかないことに目が行くことなどです。**ネガティブな感情は、それを知らせるために出てくる**ものなんですね。

ここからは、こうした《無意識》に陥りがちな状態から、私たちはどのように現実を好転させていけるのかを、説明していきましょう。

ネガティブな感情はあってもいいもの？

「ネガティブはイヤ。早くポジティブな自分に切り替えなきゃ！」

多くの人がそう思って、ネガティブな感情が出てくると、すぐに排除しようとしていますよね。それでも排除できないと、

「いつまでもネガティブな感情にとらわれている私は、ダメな人間だ」

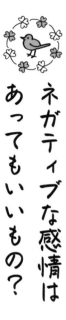

と、落ち込んでしまいます。

でも、その思い込みは、もう捨てていいのです。なぜなら、**ネガティブな感情は自然に発生するもので、なくすことはできないもの**だから。

この世界には、陰と陽、裏と表、マイナスとプラスがあるのが自然です。どちらか一方だけがよくて、他方が悪いということはありません。これはネガティブとポジティブも同じ。どちらにも大切な役割があるのですね。

たとえば**ネガティブな感情には、自分が《無意識》に思い込んでいることを知らせてくれる役割**があります。でも多くの人が、そのことに気づく前にネガティブな感情に振りまわされてしまって、本来の役割を生かしていないのです。

人はイヤなことに出合ったとき、**ポジティブシンキングで乗り切ろうとしたり、ネガティブな感情をスルーしたりすると、その感情をそのまま自分の中に溜め込んでしまいます。**その未消化な感情は、さまざまなシーンで繰り返しその存在を知らせてくるんですね。そしてある日突然、その溜まりに溜まった感情が「何かの拍子に爆発！」ということになってしまう……。

だからこそ、それを吐き出す環境を自分でつくることが大事なのです。**その吐き出した言葉に、**

「なんで、私はそう感じたんだろう？」

と問いかけると、意外な「思い込み」が隠れていることに気づかされます。

そうした「思い込み」は、普段は《無意識》下にあるので、なかなか気づくことができないもの。だからこそ、出てきたときがチャンスなのです。

カウンセリングをしていると、そもそも「感じる」ということがわからない、という話をよく聞きます。私たちは感情や意識のことをほとんど教わらないまま大人になってしまったので、ある意味、それは仕方がないことなのかもしれません。むしろ、

「男なんだから泣くんじゃない！」

「いつまでもクヨクヨしないの！」

なんて言われながら育ったことで、ネガティブを感じることをやめてしまった方も多いでしょう。

実はそれは、**私たちから「幸せ」を感じることを遠ざけた大きな理由**でもあります。喜びも薄く、自分のよさも認められないというのも、同じ理由から起こっていることなのです。

でも、安心してください。「感じる」という感覚は、第3章の『ほっとするトレーニング』で、いつでも取り戻せます。悲しいとき、ムカついたとき、イライラしたときなどに、素直にそう感じることは悪いことではないのです。

また、**ネガティブな感情は、拒否するよりも、感じてあげることで昇華していきます。**ネガティブな感情も、自分に感じることを許してあげれば、意外と引きずらないものなのです。

大事なのは、まずはあなたが自分の気持ちをわかってあげること。生きていれば、ネガティブな気持ちになることは誰にでもあります。必要なのは、**ムリにポジティブな感情に切り替えるのではなく、〝ありのままの自分〟を出していく**ことなのです。

どん底＝ゼロは無限の始まり

でも、ネガティブをずっと感じていればうまくいくのかというと、そうではありません。いつまでもネガティブな感情に浸っていると、エネルギーが下がって、マイナスのことを引き寄せてしまいがちになります。そんな状態では、現実を好転させられませんよね。

そうした**ネガティブから抜けられない理由として、人や物事のせいにしていることがよくあります。**

「あの人が変われば、私は幸せになれるのに」

「あの人のせいで、私はいつもイヤな思いをする」

「この状況さえ変われば、もっと楽に生きられるのに」

そんな思考が働いているときは、**「自分が体験する世界」をつくっているのは他人であり、「私はその犠牲者」という意識でこの世界を見ている証拠。そうしている限り、私たちは現実を変えられません。**

以前は私も、そうした思考によく陥っていました。

「なんであの人ばかり、うまくいくんだろう」

「なんで、こんなにイヤなことばかりが続くんだろう」

「なんで？　なんで？」と思うばかりで、現状が好転することはありませんでした。

だから、前にも述べたとおり、本の中に、

「あなたの現実をつくっているのはほかでもない、あなた自身なのです」

という意味の言葉を見つけたとき、ものすごい衝撃を受けたのです。


でも、自分が大変なときに「今体験している現実は、私がつくっている」と考えるのは難しいこと。**中途半端に悩んだり、不平不満を言ったりするだけの状態では、その言葉を受け入れ、本気で自分を変えるところまでいきません。**

だから、どん底や八方塞がりに陥ったときのように、自力ではどうしようもない状態のときこそ、私たちには見えない不思議な力が働くのです。想像してみてください。「思いつく限りのことは全部やった。あとは天に任せるだけ」という状態を。そうやって力が抜けているときほど、大きな流れは起きるのです。

そういう意味では、ネガティブな状態を引きずっていることに気づいたら、そのままどっぷり落ち込んで、絶望してみるのも１つの方法です。どん底は想像すると、とても怖そうですが、**実際に体験してみると、どん底＝0（ゼロ）は無限の始まり**ということがよくわかります。

「なにくそ、見返してやる！」はもういらない

生きていると、時に自分の意思とは関係なく、勝負の土俵に立たされることがありますよね。この土俵とは、何かができれば褒められ、できなければ「ダメだ」と言われるところ。

以前、私が中学受験で進学塾に通っていたときのこと。テストの結果が悪い人から答案用紙を返すと言われ、すぐさま私の名前が呼ばれたことがありました。そのとき

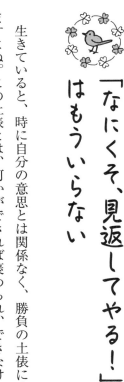

一気に教室中の視線が私に集まり、ものすごく恥ずかしい思いをしたのです。

私はその日から塾に行くのが怖くなり、テストのたびにクラスが落ちて、次のテストでクラスがまた落ちるようであれば、そのときは塾をやめようと親に言われ、「ほっと」したことを覚えています。

その後の人生でも、こうした「自分が数字によって測られること」に苦しんだ時期が何度もありました。がんばっているのに思うように数字が出せない。数字を見るたびにネガティブな感情が湧き上がる……。

それは震えがくるほど怖く、しんどいものでした。なぜなら私は、この世は数字で測られることが多く、数字は自分の価値を表すものだと信じていたからです。

しかしその後、心の勉強をするようになり、進学塾での出来事が私の〝心のトゲ〟になっていることがわかりました。**当時は「私はダメだ」と思うだけで、「なにくそ見返してやる！」と思えなかったことを何より悔やんでいたことに気づいたん**です。

「相手にもっとこう言ってやればよかった」

「あのとき、こうすればよかった」
と思い、怒りが出てくることってありますよね。

私も**あのころに感じきれなかった気持ちを、何十年ぶりかで自分のために気が済むまで感じてあげた**のです。すると、**自信のなかった自分が成仏していくような感覚があって、その日以来、数字を見ても、しんどくならなくなった**のです。

ちょうどそのころ、ケガで思うように結果が出せなくなり、数年の休養後に復帰した、あるスポーツ選手のインタビューがテレビで放映されていました。

「休養を決めたときは、気持ち的にかなりのダメージがありました。だから休んでいたらきっと『なにくそ！　見返してやる！』という気持ちになると思っていたんです。でも、そんな気持ちにはならなくて、練習したいとも思わなかったんです。だから、何もしないでいました。**そのときの〝あるがままの気持ち〟に任せて生活していたん**です。

そしたら**ある日突然、『やりたい！』っていう気持ちが湧いてきて。**そこからは練習するのが楽しくなり、復帰しようと自然に思えたんです」

これを聞いたとき私は、勝ち負けや数字で評価されるだけがこの世のあり方じゃないんだと、自分を肯定されたような気持ちになったんですね。そして、**勝ち負けより何よりも、自分が楽しいと思えることにエネルギーを注いでいこう**と思えたのです。

「なにくそ！　見返してやる！」という思いは、自分が立ち上がるための原動力。でも、それによって**得たいものが「優越感」なのだとしたら、そこには同時に「劣等感」も張りついている**のです。

人との勝ち負けや優劣、立場の上下や能力の出来不出来などにこだわる土俵に立っていたら、いつ何時、誰かに抜かれるかもしれないと、気が抜けませんよね。

だから、もうそろそろ**勝負の土俵になんて立たなくてもいいと、自分に言ってあげましょう。**そして、どうしたら自分の心が心地よく、軽やかになるかを考えていきましょう。

第１章
うまくいかないのは
《無意識》に支配されているから

あなたは自分の価値を認めていますか？

「あの人は、どんどん結果を出していて、いいなあ。それなのに私は……」
「以前はうまくいっていたのに、なんで最近はこんなにダメなんだろう？」
「理想に近づいていない私は、まだまだだなあ……」

みなさんの中には、そうやって他人や以前の自分と比較して、自分を認められない方もいるのではないでしょうか。

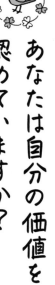

先日、私がお会いした方も、**理想が高く、がんばり屋さんなので、余計「自分を認められない」と思っていた**ようです。

実は、みなさん、**どこまでいったら自分を認めていいのかわからないことが多い**んですね。だから、そこには終わりがない。走っても走っても、ゴールが見えてこないのですから、考えるだけでもしんどいですよね。《無意識》にこういう状態になっている人はたくさんいます。

また、**他人との比較によって自分の価値を決めている**こともよくあります。その対象は時によって変わるので、自分よりできる人を見ると、途端に自信をなくしたり、逆に「あの人のようにならなければ」と、本来の目的を忘れて、自分の価値を高めることにエネルギーを注ぎ始めたりするのです。

他人との比較に陥っているときは、純粋に人とかかわるのが難しくなります。どうしても自分を守ることに意識が向いてしまうので、「この人は私にとって損か得か」で評価したり、「裏切った」「裏切られた」と言って、関係をこじらせたりするのです。

そんなときにオススメなのは、**自分の意識が比較に陥っていないかをまずは考えてみること**。そして、こうした状況は《無意識》に誰もが陥ることであり、自然なことだと思って、自分を責めない。そういうときは、「自分の本来の目的」を忘れてしまっているので、何をやってもうまくいかないものなんです。

あなたの価値は、他人との比較で決まるものではありません。だからそこで自信をつけたり、なくしたりすることはないのです。

そう信じて、一旦「ほっと」安心してみましょう。そして、本来の目的を思い出せば、自ずと道は開けていくはずです。その上で、同じ道を行っている人をお手本にすることは、とてもいいことなのです。

ムカつくときは「ムカつく！」と言ってみよう

自分のしたことは自分に返ってくる——これは以前、私が人の心や宇宙の仕組みを学び始めたころに知った法則です。

そこで私は、早速それを実行。人の悪口を言うと、自分も言われる人になるからと、どんなに頭にきたことがあっても、

「あの人は、きっとイヤなことがあったんだよね」

と、ポジティブ思考に切り替えて、悪口を言わないようにしたのです。

すると、なんということでしょう！

私のまわりには、なぜか人の悪口を言う人が集まってきました（笑）。

悪口を言わないように、人のことを悪く取らないようにがんばっているのに、「なぜこの人たちは平気で悪口を聞かせに来るの？」と、不思議でなりませんでした。

そこで私も、**相手に言う言わないは関係なく、ムカついたときには「ムカつく！」と、感じることを許すようにしてみた**のです。すると、私に人の悪口を言ってくる人がいなくなったんです。物の見事に（笑）。


私がカウンセラーになったあと、あるクライアントさんが私のもとを訪ねてきまし

た。彼女は、癪に障る人がいたから前の職場を辞めたのに、今の職場にも同じような人がいて参っていると言います。そこで私が、

「そのイヤな人を見て、どんな言葉が出てくるのか、書き出してみてください」

と伝えると、彼女は、

「みんなが仕事をしているのに、なんであなたはやらないいんだよ！」

「いい加減に仕事をするべきじゃない！」

「なんでちゃんと仕事をしないのに、給料をもらっているんだよ！」

という、自分でも驚くような言葉が出てきたと報告してくれました。


実はこれ、彼女の頭の中に常にある声なんですね。こうした**「エゴの声」**は、**自分の物差しに合わない人には、「禁止事項」として脳が反応し、表に出てくる**のです。

それは、他人に対してだけでなく、四六時中、自分に向けられている声でもあります。**自分の中で強く否定していることが、日常の現象や人に対する見方としてあらわれている**んですね。

では、**なぜこうしたことが起こるのかと言うと、自分の本当の思いを知るため。**このクライアントさんには、ノートに癪に障る人に対する言葉を吐き出したあと、自分に対してこう問いかけてもらいました。

「じゃあ、なんでも許されるのだとしたら、あなたはどうしたいの？」

そうすると、こんな答えが出てきたのです。

「仕事をしないでも、お金が入ってくる生活がしたい……」

つまり彼女は、自分はやりたいことをガマンしているのに、人がやりたいことをやっているのを見て、腹が立ったということなんですね。**それがわかったのなら、彼女はガマンするのをやめればいいだけ。**

その後そのクライアントさんは、イヤイヤ働いていた職場を辞め、やりたいことをやって生きていくことを自分に許可したとのことでした。

「こうするべき」「これが普通」といった考え方は、一見正しいように見えて、実は自分を豊かにしてくれるものではないことが多いんですね。それにこうしたものの見

方は、普段《無意識》に思っていることなので、自分ではなかなか気づきません。
だからこそ、**自分の中の「反応のタネ」を見ていくことがとても大事**なんです。それを**発散しないで耐えているから、まわりにいる人への反応として出てくる。**ただそれだけ。
私もこの仕組みがわかってからは、腹が立ったときには普通に怒り、イヤなことはイヤと思うことを自分に許可するようにしました。不思議なことにそうしていると、腹の立つこともだんだん少なくなっていくのです。
日常でのこうした1つひとつの積み重ね

は、自分を豊かにしてくれます。

ガマンすることをやめ、怒りたいときは怒り、悲しいときには思いっきり泣く。やりたくないことは「やらないでもいい」と自分を許し、不安や焦りが湧いてきたときには、その感情を吐き出す。

そうやって**自分の感情に素直になることは、とても健康的なこと**なのです。

「ありがとう」で罪悪感をなくしていこう

以前、ある方からこんな質問を受けたことがあります。

「私がしたいことをしようとすると、子どもが熱を出すなど、それを邪魔するようなことがよく起こるんです。これは、やめたほうがいいということでしょうか？」

同じようなケースでは、自分が幸せになりそうになると、自らその幸せを壊してしまったり、その場から逃げ出してしまったり、家族に問題が起きたりするといった方もいるのですが、これらすべてが**〝罪悪感〟と大きく関係している**んですね。

「自分のやりたいことをやるのは悪いことだ」

「こんな私が幸せになっていいわけがない」

と、**《無意識》に信じていることが反応して、自分で自分を縛り始める**のです。

しかもそれは、リアルな現実としてあらわれるので、まさかそんな現実を自分でつくるわけがないと思うんですね。

実はこれも、頭の中の「エゴの声」によって見えている世界。しかも多くの人が、その事実を目の前にした時点で、諦めてしまうのです。

「ああ、やっぱり自分のしたいことなんて、実現できないんだ……」

でもみなさん、諦めるのが早すぎます。ここで大事なのは、**自分の望みに向けて動こうとするときは、《無意識》に信じていることに反応してしまうことが日常茶飯事だということを知っておく**こと。知っていれば、「ああ、また来たな」とわかるので、自分の〝罪悪感〟と向き合えます。〝罪悪感〟とは、自分に罪があると思っていること。それを信じているのはほかでもない、あなた自身なのです。

逆に言うとこれは、**自分の中で終わりにできるということ**なんですね。もし、誰かに悪いことをしたと思っているのなら、「ごめんね」と謝ってみましょう。本人に直接言うのが難しかったり、どうしてもできなかったりするのであれば、心の中で「ごめんなさい。ありがとう」と言うのでいいのです。

「罪の連鎖」の中で生きたいのか、それとも「許しの連鎖」で生きたいのか――どちらを選ぶかは、あなた次第なんです。

私も、今でこそ国内外を飛びまわる生活をしていますが、子どもたちが小さかったころは、それこそ〝罪悪感〟がうずいて、どこにいても子どもたちや夫のことが頭から離れませんでした。

一度、宮崎での仕事先に、子どもがどうしても泣き止まないので私の声を聞かせたいと、夫から電話がかかってきたことがあって、そのときに私が〝罪悪感〟をもった

ことを母に伝えると、こう言われたのです。

「そういうときは〝罪悪感〟をもつより、そんな大変な中、あなたを送り出してくれた旦那さんに、『ありがとう』って思ったほうが健全よ」

その言葉にハッとした私は、**〝罪悪感〟を感じそうになるたびに、まずは相手に対して、「ありがとう」と思うようにしました。**

そうすると、不思議と自分のやりたいことをやっていても、誰かに責められたり、ストップをかけられたりするような現象が起こらなくなっていったんですね。

罪と感じていることを自分で許せるようになると、あなたの世界は、とても生きや

すくなります。途中で諦めず、そこにいくまでのプロセスを味わっていきましょう。

誰かを見張ってしまうことはありませんか？

「子どもが勉強しないでゲームばかりしている」
「子どもが学校に行きたくないと言う」
「子どもの友人関係が気になる」

カウンセリングをしていると、そういったお子さんに関する相談がよくあります。

そんなときに最初に私が聞くのは、

「お子さんを、どんな目で見張っていますか？」

ということです。私も、子どもたちが育っていく中で、みなさんと同じように悩んでいたとき、心の師匠である心屋仁之助さんに言われたのが、この言葉でした。

当時は子どもが1人で下校したり、外に遊びに行ったりしていると、**「何かあるんじゃないか」と心配で、心がザワザワすることがよくありました。**でも、それを子どもに直接問うのは本人もイヤだろうと、あまり聞かないでいたのです。

するとある日、私が学校に用事があって行くと、みんなが外で遊んでいるのに、うちの次男だけが1人教室で本を読んでいるのを見かけたのです。そこで私と目が合うと、彼はとてもバツが悪そうにしていました。

そんな姿を見て、私の心配は一気に爆発！

「なんで、みんなのところに自分から入っていかないの？」

と言ってしまったのです。

そのことを心屋さんにお話ししたときの答えは、こういうものでした。

「それは息子さんの問題ではなく、お母さんであるあなたの問題だよ」

それを聞いたとき、私は最初、その意味がのみ込めませんでした。私の目には、独りぼっちでかわいそうな息子としてしか映っていなかったのですから。

でも、心屋さんに言われたとおりなんですよね。そういう**親としての一方的な目線で見張ってしまうと、子どもは親の心配したとおりの役を演じ続けなければならなくなる**――それを理解してからは、子どもへの不安や心配が出てきたときは、**「見張るのをやめよう」と、自分に「声かけ」をするようにしてきました。**

すると、あんなに独りぼっちに見えていた次男は、友だちと秘密基地をつくると言って、段ボールや紐などを家からもって出かけるようになったのです。最初は友だちと2人で楽しんでいたようですが、仲間が増えていき、いつの間にか息子は秘密基地のリーダーとして、たくさんの仲間を引き連れて楽しそうに遊ぶようになりました。

多くの友だちと一緒に過ごす彼の姿を見たとき、私はやっと、**「心配」という呪いをかけていたのは私自身だった**ことに気づきました。

これは、子育てだけのことではありません。お金や仕事、人間関係、健康などについても、「心配の目」で見張ってしまうことはよくあること。他人に対してだけでなく、自分自身にもそうですよね。**「心配の見張り」をしている自分に気づいたときは、ぜひ、「見張るのはやめよう」と自分に声かけをしていきましょう。**

「正しいか」「間違っているか」なんて気にしなくていい

「これでいいのかな？」

「〇〇したほうが、よかったんじゃないかな……」

あなたは、物事がうまくいかないとき、《無意識》に「正解」を探していることはありませんか？

というのも、私たちは学校教育の中で、常に「正解」や「人としての正しさはこうあるべき」ということを求められてきましたよね。毎日のようにテレビに映し出されるクイズ番組なども、「正解」と「不正解」を求める世界で、**つくづくこの世の中は「正**

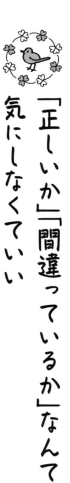

解」にこだわるところなのだと思います。そんな社会にいると、つい、自分の人生についても、「何が正しい選択なんだろう?」と考えてしまうもの。

けれども、**そのループにはまってしまうと、人生はなかなか開けません。**なぜなら、それは、**人の生き方には「正解」も「間違い」もない**からなんですね。そもそも「正しい生き方」なんて、この多様性の時代にはあり得ませんよね。「正しいか、正しくないか」という判定は誰にもできないのです。

以前、バシャールのセッションを受けたとき、ある男性がこんな質問をしました。

「私には夢があります。でも、自分にできるのだろうかという疑問が何度も湧いてきます。その夢に向かっていくことは、私にとって正しい選択なんでしょうか?」

すると、バシャールはこう答えました。

「正しい、間違いと決めているのは誰ですか? **そこにあるのは、あなたがどう思っているかということだけ**です。あなたはそれができると思っていますか? あなたができると思っていることはできるし、できないと思っていることはできない。ただそれだけなのです」

このセッションを聞いたとき、私は「**すべては自分次第**なんだ」と思いました。

とはいえ、自分ができないと思っていることは一生できないかというと、答えは「ノー」です。そりゃあ、一度も山登りをしたことがない人が、いきなりエベレスト級の山に連れていかれたら、「私はこの山を登れる」とは決して思えないでしょう。でも、それが低い山だったらどうでしょう。「登ってみよう」と思うかもしれません。

そうやって、できるところからチャレンジしていくことで、楽しさを見いだし、「次もチャレンジしたい」と自然に思うようになるものなのです。

これは人生も同じ。**「できない」と思うことも、小さなステップから始めれば、いつの間にか「できる」に変わっていく。**私はそんな人たちをたくさん見てきました。

「正解」のないものに「正解」を求めるのは時間のムダ。それよりも、**「今、自分は何ができて、何ができないと思っているのか」をきちんと知って、前に進んでいく**ほ

第１章
うまくいかないのは《無意識》に支配されているから

うが、ずっと楽しいですよね。

たとえチャレンジに失敗したとしても、そこから気づきを得たり、話すネタにしたりしていけると思ったら、**そもそも失敗などないのだ、**ということに気づけます。そのほうが、心が豊かになると思いませんか。

不安の大元は私たちの《無意識》のクセ

新型コロナウイルス感染症が日本で蔓延してしばらく経ったころ、スーパーやドラッグストアからティッシュやトイレットペーパーがなくなった現象がありましたね。きっかけは、SNS上のツイートで、紙製品は中国で製造しているものが多いため、コロナ禍の影響で不足するかもしれないという情報が拡散されたこと。すぐにデマと判明しましたが、それもあとの祭りでした。

実はこうしたデマは、感染症によるパンデミックのような、**人々が「不安」になるときほど起こりやすい**と言われています。「恐れ」が「恐れ」を、「不安」が「不安」を呼び、多くの人が疑心暗鬼になってしまう……。

今はテレビだけではなく、YouTubeなどのSNSによって情報が溢れ、何が本当で何が嘘なのか判断しづらくなったということもあるでしょう。

ただ、そんなときほど覚えておいてほしいのは、その**「不安」はまた次の「不安」へと連鎖し、エンドレスの状態になる**ということ。新型コロナのデマの際も、トイレットペーパーがなくなったから「不安」になったのではなく、**私たちの意識の土台が「不安」や「恐れ」に反応しやすくなっているということ。要するにこれは、《無意識》下の典型的なパターン**なのです。

それでは、いつまで経っても、「ほっと」することはできませんよね。

私たちは普段の生活の中でも、これと同じように、「○○になったらどうしよう」

という「不安」や「恐れ」から何かを選択したり、行動していることが多いもの。

「旦那に、ダメって言われそう」

「このまま学校に行かなかったら、この子はどうなるんだろう？」

「好きなことばかりして、うまくいかなかったらどうしよう？」

そんな「不安」を払拭するために行動を起こしてしまうと、堂々巡りになってしまいます。それで一時的に「安心」できても、また次の問題が出てくるのです。

だからこそ、**根本的な土台である《無意識》のクセに気づく必要がある**のです。

うまくいかないことに「ほっと」していませんか？

以前、テレビでゴミ屋敷のドキュメント番組をやっていて、その住人へのインタビューがとても興味深かったのを覚えています。近隣の住民から、ゴミ屋敷から出るニ

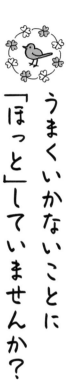

オイがひどいのでゴミを撤去してほしいという要請があって、それに応えた行政の片づけに密着するという特集番組でした。

それを見ていて驚いたのは、ゴミがいっぱいで異臭を放っている状態なのに、そのゴミ屋敷の住人は、そこを住みづらいとは思っていないと言うのです。だからまわりの人がどんどん片づけていくのを必死に止めて、「やめてくれ～！　オレの大事な家だ～！」と叫んでいる……。

そう、その住人にとってゴミ屋敷は、どこよりも「ほっと」する場所。その証拠に、行政の人が、「いくら片づけても、また元に戻してしまう」と話していました。

みなさんは、人間が最も嫌うのは、「変化すること」だということを知っていますか。**「変わりたい！　変わらなきゃ！」と思っている人が多いのにもかかわらず、大半の人が、変わることを何よりも恐れているの**です。

そのため、自分が幸せになりそうになったら、また次なる問題をつくり出すという人がとても多いんですね。これは、今、どんなに不幸な状況にいるとしてもです。

以前、仕事の人間関係で悩んでいるという、ある方の相談を受けたことがあります。そのときに彼女が何度も口にしていたのが、この言葉。

「私には、できることがない」

よくよく話を聴いてみると、人間関係がうまくいかなくて悩んではいるけれど、自分には特筆するようなことが何もないので、今度仕事を辞めてしまったら、もう働く場所がないと言うのです。そこで私が、

「そういうあなた自身に、『ほっと』していませんか?」

と質問したのです。すると彼女は、こう答えてくれました。

「確かに、私にはこの状態が似合っていると思っているかもしれません」

ここで大事なのは、**自分が望まない状態に、実は「ほっと」していたことに気づくこと**です。それは、その**現実をつくっている本人がイヤだと思わない限り、その現実を変えることはできない**から。

まわりがどんなにがんばってゴミ屋敷を片づけても、その住人である本人がゴミで

溢れかえった家にいるのをイヤだと思わない限り、すぐ元に戻ってしまいます。

本人がゴミだらけの状態しか体験したことがない、というのもあるでしょうが、たとえゴミのない家に入ったとしても、慣れるまでには時間がかかります。その状態が心地よくなるまでには、心がザワザワしたり、ドキドキしたり、怖さを感じたりするものなのです。

今の場所から、新しい場所に行くためには、こうしたプロセスは必ず通るもの。だからこそ、**少しずつ「ほっと」する領域を広げていくコツがいる**のです。

その声、心配性のおかんです

ここまで読んできて、なぜ「不安」や「心配」「恐れ」などの感情が湧いてきたり、思うように物事が進まなかったりするのかが、おわかりになったでしょうか。

私たちのやり方が間違っていたのではなく、**そもそもの土台である《無意識》が「ほっと」していなかったん**ですね。

では、どうしてこういう状態になってしまうのかと言うと、「エゴの声」によるところが大きいのです。**「エゴ」は、生きるための生存本能で、危険を察知すると、頭の中で強く注意信号を発信します。**

原始時代、私たち人間は、猛獣に襲われるなど、あらゆる危険から身を守るために群れをなして生活していました。そんな**群れの中で一番安全な場所は、「中心」**なんですね。

私たちにも、ありますよね。人の中心に立ちたい、人気者になりたい、群れたい、強くなりたい、尊敬されたい、お金がほしい、人より優位に立ちたい、安全でいたい、人が多く住む場所に住みたい、成長したい、モテたい、賢くなりたい、美しくなりたい……という欲求。これらは、**自分の身を守るための欲求であり、誰もがもっている「エゴ」**なのです。

また、「好き、嫌い」という感覚も、崖のような高い場所に立ったときに「怖～い」と感じることも、「エゴ」があるからこそ、身を守る本能として私たち人間が培ってきたものです。

「エゴ」は悪いものだと言われることもありますが、なくなったら私たちは生きていけません。安全に過ごすためには、なくてはならないものなんですね。

とはいえ、「エゴ」が暴走してしまうと、話は別。自分を守ろうとするあまりに人を攻撃してしまったり、人を疑ったり、ねたみや不安、恐れにのまれてしまったりして、人生はたちまち立ちゆかなくなってしまいます。

実はここまであげてきた事例も、「エゴの声」が暴走してしまった結果、うまくいかなくなったもの。**多くの人は、こうした「エゴの声」が自分の中にあることに気づかないまま、《無意識》に「エゴ」に振りまわされ、しんどくなっているの**です。

私はこうした**「エゴの声」を〈心配性のおかん〉と呼んでいます。**

「このままだと、生きていけないんじゃないか」

「そんなこと、できるわけがない！」

「私のせいだ！」

「お金、どうしよう？」

「ああ、なんでみんなと同じことができないんだろう」

「休んだら、何か言われるんじゃないか」

これらはみんな、あなたの中にある「エゴの声」＝〈心配性のおかん〉の声が、鳴り響いているだけ。**〈心配性のおかん〉は、今までやったことがないことや、自分の制限を超えようとするときほど、大きく出てきます。**

「ハワイに行ってみたいな」→〈おかん〉「そんな夢みたいなこと言ってないで、もっと現実を見なさい！」

「この服、可愛い～」→〈おかん〉「いい年なんだから、似合うわけないでしょ！」

「もっと自分のペースで働きたいな」→〈おかん〉「そんなことしたら、まわりになんて言われるかわからないでしょ！」

こうして**望みが出てくるたびに、ハエ叩きのように潰しにかかる**んですね。

現実でも、誰かに反対されることで、「ムリだ」と思ってしまうことって、ありますよね。そのとき、あなたの中ではある反応が起こります。それが、「ネガティブな感情」です。

この感情が湧いてくると、人は「ほっと」することができません。そのため、そのままネガティブな感情にのまれたり、排除しようともがいたり、感じる間もなくポジティブな感情に切り替えたり、「やっぱりムリだ」と諦めてしまったりするのです。

でもそれは、〈心配性のおかん〉である「エゴ」との付き合い方を知らないから。

「エゴ」はなくすことはできませんが、頭の中で響いているその声を小さくすることはできます。

次章では、具体的なトレーニングに入る前に、どのようにしたら「エゴの声」を小さくし、「ほっと」できるのかについて、お話ししていきましょう。

第2章

わかれば「ほっと」する意識の力

現実は「フィルター」越しに映った世界

第1章では、普段私たちが意識しづらい《無意識》についてお話ししましたが、いかがでしたか。ここからは、さらに話を進めて、「意識の仕組み」について詳しく説明していきましょう。

私たちが普段使っている「意識」には、大きく分けて2つあります。

その1つ目は**「顕在意識」**で、たとえば左の絵のように氷山であらわすと、海面から出ている部分を言います。自分で考えているという自覚があり、コントロールできる意識で、論理的思考、理性、知性、意思、決断力などがこれにあたります。

実はこの「顕在意識」は、私たちの意識のたった5%とも言われていて、残りの**95**

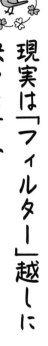

第２章
わかれば
「ほっと」する意識の力

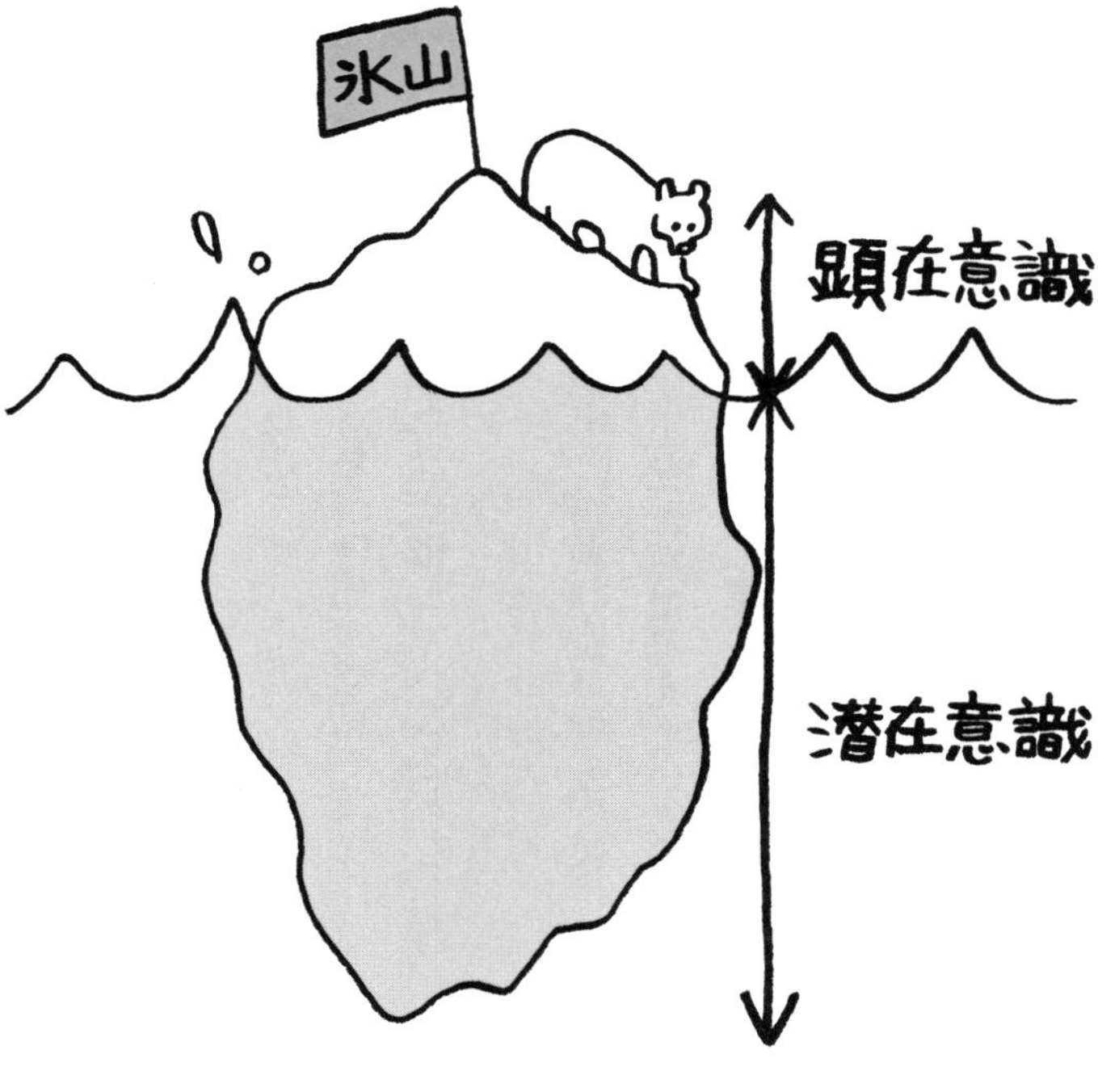

%は「潜在意識」という《無意識》の領域（前頁の絵で言うと、氷山の海面下の部分）と言われています。

たとえば、「悲しい」「嬉しい」「ムカつく」といった感情は、瞬時にあらわれることでもわかるように《無意識》の反応です。そして、こうした感情や感覚、直感、感性などの「潜在意識」は、普段私たちが自分の意思では操作できないのです。また、いちいち考えなくてもできることや習慣化していることも「潜在意識」によるもの。

そして、私たちに見えている現実と言われるものも、実はこの操作できない「潜在意識」に大きく影響されています。**私たちに見えている現実は、「潜在意識」に刷り込まれている過去の記憶や経験、価値観、思い込み、信念などのフィルターを通して見えているもの**なのです。

こうしたフィルターには、自分にとって気分のよいものもあれば、悪いものもあります。たとえば、「お前は出来損ないだから」と親に何度も言われて育ってきた人は、「私は出来損ないである」というフィルター越しに現実を見ているんですね。逆に「あなたは絶対に大丈夫！」と言われて育ってきた人は、「私は大丈夫である」というフィルター越しに現実を見ている……。

これには、子どものころから繰り返し言われてきたことだけでなく、テレビなどのメディアから聞こえてくる声や、世間の声といったものも含まれます。

要するに、今まで**自分が見たり聞いたりしてきたことが、《無意識》に思い込みや信念となり、そのフィルターを通してこの現実を見ている**ということ。

だから**私たちは、たとえ同じ場所にいても、見えている景色は1人ひとり違うし、〝自分の生きている世界〟も、みんな異なる**ものなんですね。普段は意識していないけれど、誰もがこうした「意識の力」を使って生きているということです。

これを逆に言えば、**私たちがどういうフィルターをもっているかは、感情が教えてくれる**ということにもなります。たとえば、いつも気分がいい人は、気分のよくなりやすいフィルターをもっているし、気分が悪くなりがちな人は、そういうフィルターをもっている、ということなんですね。

私たちは意識していることを見ている

人と意識の関係には、もう1つ面白い特徴があります。それは、**人は意識していることを見るようにできている**ということ。

あなたにも、経験がありませんか。お腹が空いた状態でいつもの道を歩いていたら、普段は気づかなかったレストランを発見したり、ゾロ目の数字を見たあとに何度もゾロ目を見るようになったりしたこと。それは、そのとき意識したことが、自分の視界に入ってきた、ということなんですね。

では、あなたは、いつも通る道にどんな花が咲いているかを言えますか？

これは、普段花を意識していない人にとっては、答えるのは難しいですよね。

そうです。**私たちは自分が意識していないものは、実際にそこにあるものでも、目**

に入ってこないようにできているのです。

以前、「潜在意識」の講座を開催したときのこと。

「今日からしばらくの間、『蝶』を見ると決めて過ごしてみてください」

と、受講生さんたちに宿題を出したところ、

「あれから毎日のように、蝶を見るようになりました」

「蝶が家の中に入ってきて、大変でした！」

と、さまざまな答えが返ってきました。

これは、「意識したことを見る」という人間の習性を実験したもので、私たちが見ているこの現実は、目で見ているようで、実はこうした「脳のフィルター」を通して見ているのだということが、わかりますね。

また、序章でも述べたとおり、人はこの**《無意識》の領域で1日6万回以上思考し、その8割以上はネガティブな思考**と言われていましたよね。ということは、あなたが

「○○になったらどうしよう」と、すぐにネガティブになってしまうのも、悪いところばかりが目についてしまうのも、ある意味、人間として自然なこと。だから、ネガティブな自分を責めたり、ネガティブを排除しようとする必要はないのです。

ただ、こうした《無意識》に支配されたまま生きているのと、意識的に見たいものを意識して生きるのとでは、体験する現実はまったく変わってきます。《無意識》に任せたまま、常に何かに反応してネガティブになることを繰り返していたら、やはり疲れてしまいますよね。だから、**「意識するように変えていく」ことが必要**になるのです。

人間の脳は、習慣的に反復されてきたことや、生きてきた中で培われてきた言葉や経験によって、あらゆる危険から身を守る生存本能が働くようにできています。これは第1章でも紹介した「エゴの声」のことで、実は先程から述べてきた**「フィルター」が、この「エゴ」**のことなのですね。

だから、この世界は「競争で成り立っている」と考え、「自分はダメな人間だ」というフィルター（エゴ）をもっていれば、それを証明するような現実が見え、「自分は常に足りていない」というフィルターであれば、そのように現実が見えるということ。

でもそれでは、脳はまったくと言っていいほど、「ほっと」していないし、力が入って緊張したままですよね。**その状態でいくら問題を解決しようとしても、いくら何かを願ったとしても、たった５％の「顕在意識」の力しか使えていない**ということ。

それではうまくいかないのも、納得ですよね。私たちがどんなに夢を叶えても安心できないときは、この状態に陥っていることがよくあるのです。

では逆に、この世界はいつも自分に優しく、自分はいるだけで価値があると信じている人はどうでしょう。おそらく、そういう人が常に意識していることは、自分にとって「心地よいこと」「嬉しいこと」「楽しいこと」なのではないでしょうか。

そんなときは、心だけでなく体も安心し、リラックスできて、「ほっと」しますよね。だから自分の力だけでなく、95％の「潜在意識」の力を味方にできるのです。**自分が**

何を意識するかは、いつからでも、誰にでも選べるということなのです。

なぜ「ほっと」すると願いが叶いやすくなるの？

ここまで読んできて、あなたの中にある「潜在意識の力」が少しずつわかってきたのではないでしょうか。そこで次にお話ししていきたいのが、「ほっと」すると、願いが叶いやすくなるのはどうしてか、ということです。

ここで話をさらに進めて、私たちの意識の95％を占める「潜在意識」が、すべての人と深いところでつながっていると言ったら、あなたは驚くでしょうか。

「え？　あのイヤな人や、あの素敵な人とも『潜在意識』ではつながっているの？」

そう思うかもしれませんね。95頁の絵で言うと、氷山も海の1つであると言うのと同じなのです。

この**私たちの「潜在意識」が深いところでつながっていることを、分析心理学では《集合的無意識》と呼びます。**これを提唱したのは、スイスの心理学者で精神医学者であるカール・グスタフ・ユングで、この《集合的無意識》は全人類共通のもの。

実はスピリチュアルの世界では、この人類のもつ《集合的無意識》によって、動物も植物も、目の前にあるコップや車も、すべてがつながっていると言われています。**スピリチュアルには、「ワンネス」という言葉があって、その意味は、みんな1つでつながっている**ということ。だから駅ですれ違うあの人とも、ムカつく近所のあの人とも、憧れのアイドルとも、深いところではつながっているんですね。

ここ何年か会っていなかった人のことがふと気になって「どうしているかな？」と思っていると、突然その人から連絡が来たり、「お米をそろそろ買わなきゃ」と思っていたら、お客さんからお米が届いたりといったシンクロが起きるのも、この《集合的無意識》ですべてがつながっているから、と言われているんですね。

ということは、私たちが何かをイメージしたり、望んだりすることは、同時にそれがどこかに事象としてあらわれている、とも言えますよね。逆に言えば、その事象が存在するから、私たちはイメージしたり、望んだりする、とも取れるわけです。

しかし、この《集合的無意識》は、よい面ばかりではありません。国や時代、家族や職場、まわりの人たちにとって当然とされることが、自分にとっても《無意識》にそうなっていることも多いからです。

たとえば、職場やコミュニティーでの暗黙のルールや、地域社会の慣習などもそうですよね。**大多数の人の当たり前が自分の当たり前になって、《無意識》に行動がうながされる——それだけ私たちは《集合的無意識》の影響を受けている**のです。

そして、この《集合的無意識》の領域をさらに進めていくと、**「超意識」「宇宙意識」と言われる領域**があります。これは別の言い方をすると、宇宙やハイヤーセルフ、神、ソース、ゼロポイント、空（くう）と呼ばれるもの。

私たちはみんな1つでつながっているという《集合的無意識》の根源、本質でもあるのが「超意識」で、私たち1人ひとりの中に、それが存在しているということなんですね。

この「超意識」には、揺るぎない無限の創造性と無条件の愛が満ちていると言われていて、そこにいることを想像するだけで、「ほっと」する感覚に包まれます。地球上にたとえると、海のような存在で、愛や信頼、安心、感謝に溢れた世界です。

この話を私の養成講座でずると、ある受講生さんがこんな話をしてくれました。

「仕事のことでものすごく落ち込んだとき、宮崎駿監督の映画『崖の上のポニョ』に登場するポニョのお母さん、海の女神のことを思い出したんです。

それで、彼女が**私を包み込むように、優しく抱きしめてくれているイメージ**をしながら眠ったら、翌日はものすごくスッキリして、元気になったんです！　もしかして、あれが『超意識』……？」


そう！　それが、**「超意識」の感覚**なんですね。

その後は、ほかの受講生さんたちが、

「私は田舎の草原で寝ていると、そんな感覚になります！」

「私にとって、その海の女神は、ベイマックスだわ！」

と、次々と発言し、講座がとても盛り上がりました。

このように、私たちにはそれぞれみんな、心から「ほっと」できる存在や場所があります。それをイメージするだけで、「超意識」はとても身近なものになるのです。


――それではここで、質問です。


【問】あなたにとっての「超意識」は、どんなものでしょうか。

いつでもあなたを、無条件に優しい眼差しで見てくれている存在をイメージしてみましょう。

第２章
わかれば「ほっと」する意識の力

〈例〉ポニョのお母さん、ベイマックス、「ほっと」する彼氏、ハワイ、大草原など

これは第3章のトレーニングのときにも活用してもらいますので、自分にとっての「ほっと」できる存在をイメージしておいてください。

そして、5分間、その存在にいつも守られている感覚を想像してみてください。

それだけで、気持ちが「ほっと」して楽になるはずです。

エネルギーをどこに注ぐかで現実は変わっていく

意識の次に大事なのがエネルギー。ここでは、そのエネルギーの話をしましょう。

意識とエネルギーの関係を言うと、**私たちが「意識」を向けるということは、「そこにエネルギーを注ぐ、与えること」なんですね。そのエネルギーは、「周波数」「波**

動」「気」という言葉にも言い換えられます。

たとえば、日曜日の夜9時にテレビの6チャンネルの番組を見たいと思ったとき、あなたはリモコンの6を押しますよね。その時間に6チャンネルの「周波数」を選択するから、その番組が見られるのです。

また、スマホで誰かと話そうと思ったら、自分がもっているスマホや携帯のキャリア（通信事業者）の使用可能な「周波数帯」を使う必要がありますよね。

実は**私たち人間も、この「周波数＝エネルギー」をもっている**と言われています。

普段の生活で感じることはほとんどありませんが、私たちの体を構成する最小単位の「素粒子」は、粒子でもあり「波動」でもあるという二重性をもっているとのこと。そうなると、私たち人間も、物質でありながら「エネルギー」としての存在であるとも取れますよね。

そして、**この世にあるすべてのものはこの素粒子でできているので、私たちの体だけでなく、地球上の生き物や、今目の前にしている本もノートも、全部がエネルギー**

をもっているとも考えられるわけです。

「類は友を呼ぶ」とも言うように、その「エネルギー＝周波数」に合わせたすべてのものと出合っているのだと考えると、面白いですよね。

ただ、そうなると、自分のエネルギーによって、起こることすべてが決まってしまうのではないかという疑問が湧いてきます。私も以前は、落ち込んだときに、自分のエネルギーがマイナスだと、ますますマイナスのものを引き寄せてしまうのではないかと思っていました。

でも大丈夫。私の経験から言っても、一度や二度落ち込んだからと言って、心配することはありません。

それでも、まだ起きていないことを憂い、ネガティブな感情を発生させているなら、注意が必要。それはイメージと感情が明確であるほど、現実化しやすいからです。

そんなネガティブな状態のときは、気持ちを「ほっと」楽にさせることで、マイナスのエネルギーを一旦ゼロにして、プラスに転じやすい状態にすることが必要です。

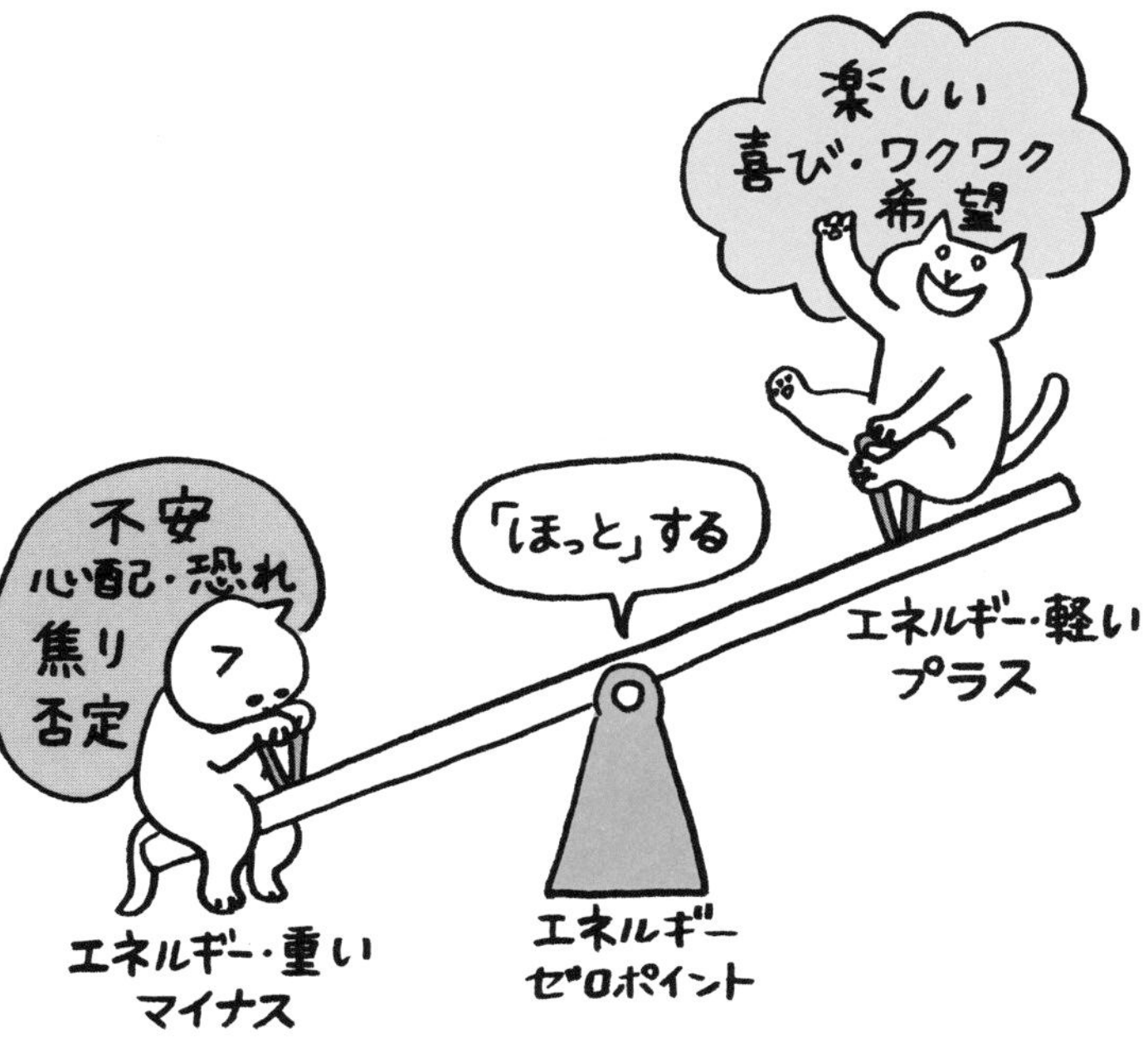
楽しい
喜び・ワクワク
希望
不安
心配・恐れ
焦り
否定
「ほっと」する
エネルギー・軽い
プラス
エネルギー・重い
マイナス
エネルギー
ゼロポイント

意識的にそうすることで、気分をよくすることにエネルギーを注いでいけるようになります。

「これをしちゃダメ」は呪いの言葉!?

ここで、私たちがつい陥りがちな、**問題が起きたときに、それを解決することばかりにエネルギーを注いでしまった例**――私の体験談を紹介しておきますね。

20代前半の独身時代、私はずっとアトピーに悩まされていました。今でこそ、まるでウソのように健康的な肌になりましたが、当時は、本当に辛かった……。

最初は1箇所だったのが、あっという間に全身に広がって、医師に処方された薬を指示どおりに塗っても、すぐにかゆくなってシャワーで洗い流すことの繰り返し。毎日がかゆみとの闘いで、人には当たり散らすし、四六時中イライラしていました。

「なんで私がこんな目に遭わなきゃいけないの⁉」

「私が、何か悪いことした？」

今考えると、本当に申し訳ないことをしたと思いますが、母にはそんな呪いにも似た言葉をずっと吐いていました。母と一緒に病院を何軒も巡っても症状は変わらず、アトピーに関する本を読みあさる日々が続きました。

あるときは、母がアトピーを緩和する自然療法の本を買ってきてくれて、１つひとつ試したのですが、やっぱり効かず。ひどいときには逆にかゆみが増すことも……。

アトピーにかかった人はわかると思いますが、

「かいちゃダメ、かいちゃダメ」と思うほど、そうしてしまうんです。手袋をはめて寝ても、朝起きると外れていて、体中傷だらけ。寝具に血がついているのが日常茶飯事でした。

そんなある日のこと。イライラしている私を見かねた母が言ったのです。

「もういいよ……。かいていいよ」

「は？　何言ってんの⁉　いいわけないじゃない！」

「いや、いいよ。だって、かゆいんでしょう？」

「は？　私のことを見放すんだ！　もう私のことなんて、どうでもいいんだ！」

私はそう言ってわんわん泣きじゃくりながら……、ふと気づいたのです。

「あれ？　かいていいって言われたら、かゆくない……？」

そして、自分でも震えながら言ってみたのです。

「かいていい……」

すると、不思議なことに、全然かゆくなかったんです！

そこからは、「かいていい」と**自分に許可するようにしていった**のです。

いい流れはさらに続きました。以前買った自然療法の本に載っていた竹炭のエキスを母が手に入れてくれたのです。それを使ってみると……、かゆみがひいていくではありませんか！

自分に合ったものが見つかった……。私の暗闇にやっと光が見えた瞬間でした。１年中かゆみとの闘いだったアトピーは、ステロイド薬を使うことなく、次第に季節の変わり目に出るくらいになり、数年後には完治できたのです！

アトピーの問題に直面して、私はずっと「これを治すにはどうしたらいいのか」ということばかり考えていました。でも、「かいていいよ」と母から言われたことで、**「ダメだ」と頑なに思っていた私の行動が許されたんですね。そう、意識が「問題」から解放され、ムダな力が抜けていった感じ、**みなさんにもおわかりでしょうか。

何に意識を向けていくか、何にエネルギーを注いでいくのかは、私たちがつくっていく現実に大きな影響を与えます。目の前の問題にだけ意識を向け続け、エネルギーを注ぐことは、その問題に命を与え続けるようなもの。

そんなときは、ここでもやはり「ほっと」して、**問題に向いていたエネルギーを一度ゼロにしてからポジティブな方向へ注いでいくことが大事**なのです。

「決める」のは ゴールで味わう感情

「じゃあ私は、何を意識したらいいんだろう？」

ここまで読んできて、そう思っている方は多いですよね。

そこで注目してもらいたいのが、あなたの「感情」です。

感情は「潜在意識」の領域にある、人が生きていくために身につけた本能で、脳の中の扁桃体という最も原始的と言われる部分が司っています。この扁桃体は、何かを見たり聞いたりしたときに、それが生存にかかわるかどうかを瞬時に判断します。

つまり**感情は、扁桃体が下した判断を伝える大事なメッセージ**なんですね。

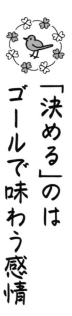

また扁桃体の働きは、人の生命を守ることを目的としているので、スピードが命。だから、恐怖、嫌悪、怒り、悲しみ、落胆、喜び、楽しいなどの感情は、頭で考えるよりも速く伝わるのです。

こうした**感情によって、あなたが《無意識》に信じていることや、どんなフィルター（エゴ）をもっているのかが、見えてきます。**たとえば、人から軽く扱われたり、大事にされない体験をしたとき、とてもイヤな気持ちになりますよね。これは感情がちゃんと反応しているということ。

大事なのはそのあとです。イヤな気持ちを感じているのに、「そんなものだろう」と自分の感情をスルーするのか、そのイヤな気持ちに対して、「なぜそう思ったのだろう?」と疑問をもつのかによって、展開が大きく変わっていきます。

ここで**注目したいのは、自分がそこでどう反応したかに意識を向けること。**

前者の**「そんなものだろう」とスルーすることは、そういう扱いを受けることを許しているこ**とでもあります。また、**イヤな気持ちを感じたということは、そこにあな**

たの「でも本当は……」という望みが隠されていることでもあるんですね。

たとえばそこには、

「粗末にされたようでイヤだった」

「大切にされていないと感じた」

という感情が隠されていて、その裏にはあなたの「大切にされる」という望みがあるということ。そこで、そこからの行動を次のようにセットしていきます。

①まずはその望みがあることを認める。

②次に、クルマのナビをセットするように「大切にされている」ときの感情を意識する。

つまり**ナビには、「大切にされたい」ではなく、あなたの望みのゴールである「あなたが大切にされることで〝味わいたい〟感情」を目的地としてセットする**のです。

「大切にされている」とき、あなたは**満たされて、嬉しくて、「ほっと」している感覚**ですよね。ナビにセットするということは、その感情を「意識的に意識する」とい

目的地
NAVI
セット!!
ヨシヨシ
目的地
大切にされて
「ほっと」する私!

うこと。あなたが味わいたい感情を自分で決めることで、それを感じられる現実が〝あなたの世界〟で見えてくるのです。

これを、たとえば「お金のことで悩みたくない」「ハワイに行きたい」といった望みが出てきたときに応用すると、

「お金のことで悩みたくない」→**「お金に恵まれている私」**

「ハワイに行きたい！」→**「ハワイにいる私！」**

というように**「望み」を「決めたこと」に変えていけばいい**んですね。

あとは「ほっと」安心したまま、ドライブを楽しむ。すると、以前は気づかなかった、「決めたこと」を実現するための情報やヒントが入ってきたり、アイデアがひらめいたり、ズバリそのものがあらわれたりするようになります。

実はこれにもエネルギーが関係していて、**目的地にあるエネルギーを先にまとうことで、それにふさわしい情報や材料がやってくるようになる**んですね。

このときに「どうやって?」と、あれこれ考えてしまう人がいますが、その必要はありません。**あなたの力が抜ければ抜けるほど、「潜在意識」の力は発揮される**ので、望みを実現する材料は、あなたがわかりやすいような形で届けられるはずです。

目的地のエネルギーを感じたあとは、ふと思い立ったことに従って行動するだけ。でも、行動せずに、ただ待っているだけではダメなんですね。

あなたが**「やってみよう!」とひらめいたことは、「宇宙からのお知らせ」だと思って、スマホでいろいろ検索したり、人に話してみたり、実際にいろいろな場所に足を運んでみたり……と、現実化に向けて、どんどん行動していきましょう!**

それでも最初は試行錯誤することも多いでしょう。でも、慣れればどういうタイミングでどのように動けばいいのかがわかるようになります。ナビにセットしたのですから、試行錯誤も想定内。そこにたどり着くことは、もう確定しているのです!

自分を信じることに根拠はいらない

「本当に行き先にたどり着くのかな?」
「途中は大丈夫なんだろうか?」
いくら行き先が確定しても、道中不安になることは、誰にでもありますよね。

そんなときは、**まずは自分がその気持ちを受け止める**ことです。不安や疑いがあるのに、「そんなことない!」と気持ちにフタをしてしまうのは、とてももったいないこと。なぜなら、**不安や疑いなどのネガティブな感情は、あなたが何を信じているのかを教えてくれるサイン**だからです。

そのサインは、あなたがこれまで信じてきたことによる不安や疑いが、《無意識》

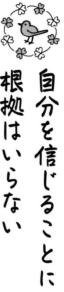

レベルで現実にあらわれたのかもしれません。でもそれも、**「今、この瞬間」から意識のもち方を変えていくことで、確実に変わっていく**のです。

――ここで、私の息子たちが経験した、面白い話をしましょう。

うちの長男は、高校1年生くらいまでは本当に勉強をしない子で、学年試験があっても常に320人中、300番目くらい。「留年しないならいいけど。もうちょっと早めに試験勉強をしたら？」というのが、いつも彼にかける言葉でした。

ところがそんな息子が、ある日を境に突然、成績を上げ、クラスでトップを取るようになったのです。不思議に思った私は、何が起きたのかを尋ねました。

すると、息子からこんな驚くべき答えが。

「オレね、天才だったことを思い出したんだよ」

それを聞いて、「え？　大丈夫？」（笑）と、思わず吹き出しながら言った私に、彼はこんな話を聞かせてくれたのです。

ある日、学校でいつものようにテストの結果が返ってきたときに、ふと、

「オレ、天才なはずなのに、なんでいつもこんな成績を取っているんだろう？」と疑問を感じ、こう思ったとのこと。

「こんな現実、いらないな……」

それをきっかけに、彼は勉強に興味をもつようになり、意外に面白いことを発見。参考書を見てはいろんなことを分析しているうちに、気づけば学年で10位以内に入っていたと言うのです。そこで私が、「なんで天才だと思ったの？」と聞くと、

「自分が天才だと思うのに、理由はいる？」

という答え……。私は愕然としました。彼は天才と思える根拠など一切ないのに、「オレは天才だ」と意識しただけで、成績が一気に上がっていったのです。

また、うちの次男は3カ月で12キロのダイエットに成功したのですが、彼もまた、兄と同じように興味深い意識の使い方をしていました。

ある日、鏡に映る自分の姿を見た彼は、

「太ってるなあ……。こんなオレ、イヤだな。**痩せたい！　そうだ、痩せよう！**」

と思ったそうです。そこから彼は、**鏡を見るときは意識的に、**

「カッコイイなあ、オレ♪」

と、思うようにしたとのこと。そうしているうちに、それまで取っていた食事の量が自分には多いことに気づき、体に心地よい量だけを食べるようにしたら、どんどんスリムになっていったと言うのです。


そこにはなんのガマンもないんですね。鏡を見るたびに、「カッコイイなあ」と思っただけ。あとは、小さな変化を見つけて「おお！　痩せてきた！」と思うことを繰り返していたら、自然に行動も変わってきて痩せられたとのこと。面白いですよね。

わが家の息子たちは、私が教えてもいないのに、「意識の力」を使っていたのですね。


でも**そこには、なんの根拠もありません。**

「自分のことをどう思うかはオレの自由。自分を低く見る必要が、どこにあるの？」

ということなのです。

イケテル!!

自信とは、自分を信じることです。もしあなたが、そのことに何かの条件や人からの評価が必要だと思っているなら、それはとても移ろいやすく不安定な自信ですよね。

なぜなら、そうした条件や評価はとても変わりやすいものだから。

自分を信じるのに、そんなものは必要ないのです。自分が「そうだ」と思うだけで、息子たちのように現実が変わっていくのですから、根拠だっていらないですよね。

「望み」と「抵抗」はセットでやってくる

自分のナビを設定したあとに、それまで自分がいたステージから新しいステージに切り替わるときは、いろいろな「お試し」が起きるものです。

たとえば、今の職場を辞めて、自分に合った働き方で起業していこうとすると、まわりから「そんな不安定な仕事は、やめたほうがいい」「そんなの仕事にならない」

などと言われることもあるでしょう。また、収入を上げていこうとすると、逆に収入が下がってしまったり、「幸せになる！」と決めた途端に体調を崩したり、人が離れていったり……。

それは、あなたが**「望み」に意識を向けたことで、その状態になるのを妨げていた「思い込み」が現実として表に出てくる**からです。

「ハワイに行きたいな」↓「でも、お金ないよな」

「こんな服、着られたらいいな」↓「私の体形には、ムリ」

「今日は休みたいな」↓「人に迷惑をかけるからダメだ！」

と、「望み」が出てくるのと同時に、それに対する「抵抗」があらわれるんですね。

これも**「エゴの声」が脳内で響いているために起きる現象で、多くの人がそのことに気づいていない**のです。だから、自分の「望み」を選択するより、「エゴの声」を信じて、ほぼ自動的に諦めてしまう……。

こうした「エゴの声」は頭の中だけでなく、現実の出来事としてあらわれることも。

だからよりリアルに、「ダメだ」「ムリだ」「できない！」と思ってしまうんですね。

でも、覚えておいてください。**「望み」と「抵抗」はセットであらわれる**ことを。

今まで「エゴの声」によって、自分の「望み」にフタをして、鍵を何重にもかけていた人であれば、「望み」すらなかなか出てこないこともあるでしょう。

しかし、これもトレーニングしていくことで、「抵抗」を少しずつなくしながら、「望み」のフタを外し、それを実現していくことはできるのです。

「エゴの声」は、自分にとって大きな「望み」であるほど大きく聞こえてきます。だから、自分のしていることが合っているかわからなくなったり、まわりの人の言葉に大きく反応したりすることもあるでしょう。

次のステージに移行するときは、こうしたことが大なり小なり起こるもの。鳥のヒナが孵化するときは、内側から卵の殻をコンコンと割っていく必要がありますよね。

あなたが「新しい私として生きたい！」と思うこともそれと同じで、自分の中に力強い思いがあるからこそ、殻を割っていけるのです。
それには、苦しさも伴います。人間の赤ちゃんも産道を通って生まれてくるときは、とても苦しいと言いますよね。それでも「生まれるんだ！」という一途な気持ちが、あなたを新しいステージに連れていくのです。

人から反対され、現実に問題が勃発するのも、1つのプロセス。悪夢を見ているようなこともあるでしょうが、そこに意識を向け続けてエネルギーを与えてはいけません。**自分が問題ばかり見ていることに気づいたら、**第1章でも述べたように、**「見張るのはやめよう！」と、自分に声かけをして、意識をチェンジ！**

そして、自分を一旦「ほっと」させてあげましょう。そのあとは、そこから自分がどうなりたいのか、どこに着地したいのかを意識的に意識していきましょう。
ゲームに攻略本があるように、それを知っているだけで、きっとあなたは以前よりもずっと落ち着いて、問題を乗り越えていけるはずです。

また、逆風が起きたときは、「あなたの本心」を知る大切なときでもあります。

・自分にとって、大切なことは何か？
・自分は今まで何を気にしていたから、進めなかったのか？
・その大切なことは、これからも信じていきたいことなのか？

そんな対話の時間が、新しいステージへと押し上げてくれるはずです！

「エゴの声」は聴いてあげれば小さくなる

「エゴの声が小さくて、気づかない人っているのかな？」

そう思った人もいますよね。

答えは「イエス」です。みなさんにも、おそらく「エゴの声」があまり出てこないことがあるはずなんですね。たとえば、人間関係では「エゴの声」が鳴り響くけれど、お金についてはほとんど抵抗なくいられるとか、恋愛関係ではよく悩むけれど、衣食住のことでは困ったことがないとか……。

誰にとっても得意分野や苦手な分野があるように、このことでは「ほっと」できないけれど、あのことには「ほっと」している、というのがあるはずです。

そこで**思い出してもらいたいのが、「ほっと」することに根拠などない**ということ。

「なんか、そう思うんだよね」

っていう感じですよね。

私は以前、お金や仕事にまったくと言っていいほど、「ほっと」できない人でした。

でも、「もっと『ほっと』できるようになりたい！」と思っていたときに、お金や仕事のことがうまくいっているまわりの人たちに、聞いてみたことがあるんです。

「なんでそんなにお金が入ってくるの？」

「なんでそんなに集客ができるの？」

「なんでそんなに大金を使えるの？」

すると、意外な答えが返ってきました。

「気にしていないから」

「そういうもんだと思っているから」

「なんとかなると思っているから」

最初にそれを聞いたときは、本当に驚きました。私はてっきり、そうなってほしいと念じているからだと思っていたんです。だから、まるで肩透かしをくらったような脱力感をもちました。

でも同時に、**その脱力感がとても大事**だということに気づいたんですね。

だって、「月に１００万円、稼ぐぞ！」「１００人、集客するぞ！」と思うより、

「なんか、いつも入ってくるんだよね♪」

というほうが、ずっといいですもの。

そう、この〝力の抜け感〟なんです。私は、それを目指してトレーニングすることにしました。お金のことに「ほっと」できなくなるのは、クレジットカードの支払日が近づいてくるときやお金を使うとき。そういうときは一気に気分が悪くなり、

「どうしよう、お金が用意できなかったら……」

「これを買ったら、お金がなくなっちゃうかも……」

「なんとか稼がなきゃ」

と、「エゴの声」が鳴り響きますよね。それを無視して「いやいや大丈夫」と不安や焦りをかき消してみても、ゾンビみたいに、また別の拍子に出てきちゃいます。

そこで私がやったのが、不安や焦りが出てきたときに、**ノートに書き出して、「そうか、そうか、心配だよね」と、まずはその気持ちをわかってあげること**でした。

たとえば、あなたがパートナーにお金のことを相談したとします。そのときに適当にあしらわれたり、話を変えられたり、「大丈夫だよ」と、自分の気持ちをスルーさ

れたら、どんな気分になるでしょうか。

なんだか気持ちが置き去りにされたようで、寂しくなりますよね。そうすると、もっと聞いてほしくて、何度も言ったり、声を大きくしたりしてしまう……。


そこで私は、ネガティブな感情が出たときは、それをノートに書き出して、

「なるほど、そう思っているんだね」

と、一旦、自分の話を聞いてあげるようにしたのです。そうすると、**「受け止めてくれているんだな」という気分になって、「ほっと」する**んですね。


そのあとは、頭の中がクリアになるので、そのタイミングで「ほっと」する「超意識」が問いかけるように、

「話はわかった。じゃあ、どうなりたいの？」

と自分に問いかけます。


このままお金に不安なまま生きていきたいのか、それとも、お金に安心していられ

る人生がいいのか――答えは、もう決まっていますよね。もちろん後者です。

そして、ノートにこう書きます。

「お金に安心して、生きていく！」


私はこれを不安やネガティブな感情が出るたびにやっていくようにしました。そして、その時点で**現実がいくら（お金の）「ない」状態だったとしても、自分の望む感情（安心や「ほっと」している感覚）を先に感じるようにしていった**のです。

すると、それに合わせるかのように、お金がちゃんと用意されるようになったり、望んだ状態になったりすることが増えていきました。

今では、（第3章で紹介している）このトレーニングのおかげで、「気にしていないから」「そういうもんだと思っているから」「なんとかなると思っているから」という人生を生きています。

「エゴの声」というのは、無視すれば無視するほど大きくなっていきます。それは、〈心配性のおかん〉だからなんですね（笑）。

“今あること”を感じて、幸せになりましょう

講座やセッションで、参加者のみなさんのお話を聞いていると、

「頭ではわかるのだけど……」

という声をよく耳にします。

「腑に落ちる」という言葉があるように、**理解というのは本来、頭でするものではなく、実践を通して体験するからできるようになる**ものなんですね。とくにここまで述べてきたようなことは、自分で体験してみることが実感に変わっていきます。

私自身も、もともとは目に見えることがすべてと思って生きていました。だから幸せも、目に見えるものをゲットしていくことだと思っていたのです。

そこからいろいろな壁にぶつかり、悩み、苦しみ、出会いがあって……と、さまざ

まな経験を積み重ねていくうちに、

「幸せとは、今あることをどれだけ感じられるか」

ということなのだと、気づいていったのです。

そんな私が今ここで言えるのは、**自分から求めることがなければ、こうしたプロセスは生まれなかった**ということ。試行錯誤したり絶望したりしながら、それでも諦めきれずに求めた先だからこそ、目に見えない仕組みとの出合いがあり、純粋に学び、実践していく中で、「自分の変化」を感じていったんですね。

そうした**体験の中での1つひとつの気づきが、意識を変え、行動を変え、現実を変えていく――そのことこそが、何よりもの学び**なのだと思います。

たとえば、おいしいおそば屋さんの話を聞いただけでは、そのお店のことは何もわかりませんよね。やはり現地を訪れて、おそばを食べて、自分で「おいしい！」と体感するからこそ、その店を知ったことになるのです。

第2章
わかれば「ほっと」する意識の力

私たちの体は、「潜在意識」と密につながっています。**行動することが怖いときは、《無意識》に何かを頑なに信じている「潜在意識」が、行動のストッパーになっていること**がよくあります。

また、「潜在意識」から、「止まれ！」「休め！」という指示が出ているときも、そのサインとして、体に痛みが出たり、病気になったりすることがあります。そんなときは、とにかく自分の中で起きていることに、丁寧に耳を傾けていきましょう。

こうしたことも、次章のトレーニングでノートと向き合っていくことで、徐々に改善されていきます。焦らず、自分に寄り添いながら、頭（心）だけでなく体も一緒に進化していきましょう。

第3章

『ほっとするトレーニング』で目の前の現実を書き換えていこう

さあ、トレーニングを始めましょう

いよいよここからは、トレーニングです！

この本では、私たちの現実を好転させるための大事な土台をつくるトレーニングを紹介します。章の後半には、《無意識》によく陥りがちなケース別のトレーニングも載せていますので、自分の状態に合わせて取り組むようにしてみてください。

用意するものはノートとペンのみ。スマホのメモ機能を使うのでもＯＫです。

トレーニングの効果は、繰り返しやるほどよくあらわれます。毎日決まった時間にする必要はありませんが、**ネガティブな気持ち――モヤモヤする、悶々とする、イヤ**

分身
自分
自分と対話
=
感情と向き合うトレーニング

な気分になるなど――が出てきたときに、5分でもいいので、「あなたが望んでいること」「本当にやりたいこと」を意識しながら、自分に問いかけるようにやっていってください。

早い人では取り組んでからすぐに効果があらわれることもありますし、1週間、2週間、3週間と継続して取り組むことで、気づけば「ほっと」する時間が長くなっていた、というケースもあります。

基本トレーニング❶の【感情吐き出しトレーニング】と❷の【感情寄り添いトレーニング】は、やり方に慣れないうちは、❶だけを何度もやってください。そして、そのコツがつかめるようになったら、❶と❷を一緒に取り組むようにしてください。そのほうが、「ほっと」できる感覚がより多く得られるようになります。

それでは、始めましょう!

基本トレーニング❶

ネガティブな感情が湧いたら感情吐き出しトレーニング

ネガティブな感情は、多くの人がその扱い方がわからずに、それにのみ込まれたり、排除しようとしたり、気分を変えようとポジティブな感情に転換しようとしたりしているのではないでしょうか。

でも、なかなか気分が晴れなかったり、一瞬気分がよくなっても、また繰り返しイヤな気分になったりすることが続いてしまいますよね。

そのように**ネガティブな感情をもて余してしまうときは、あなたが感じていることをなんのジャッジもせずに吐き出せる「場所＝ノート」をつくりましょう。**

「ああ、ムカつく！」

「ああ、不安だ」

「○○になったら、どうしよう……」

と、あなたにとってどんな自分もさらけ出せる場所をつくります。

またこれは、**意味もなく悶々とする、やたらとモヤモヤする、何かあったわけではないのになんだか気分が冴えない――そんなときにも有効**です。

「なんだかモヤモヤする！」

「気分が乗らないなあ」

と、まずはノートに書いてみましょう。それだけでも気分が楽になるはずです。

モヤモヤするのは、自分の感情がわからなくなっているとき。もしかすると、人のことを気にするあまり、ガマンしていることが多いなど、あなたの優しさからついフタをしてきた感情が、そのモヤモヤの下にあるのかもしれません。

そうしたことに気づくためにも、**まずはあなたの中にあるネガティブな感情をありのままに、何度も何度もノートに書き出していきます。**

基本トレーニング❷

モヤモヤを吐き出したあとは感情寄り添いトレーニング

どうでしたか。【感情吐き出しトレーニング】では、ネガティブな感情を出すことができましたか?

最初のうちは抵抗を感じて、「こんなことをして、なんの意味があるの?」と思った方もいるかもしれません。また、「気にしすぎなんじゃない?」「私が間違っているのかも?」と、今度は自分を責める思いが出てくるかもしれません。

でもそれは、95頁の氷山の絵にたとえれば、波にただ反応しているのと同じ。**まずは自分の中で起きていることに気づくためにも、感情を書き出しましょう。**

私たちは大人になる過程で、ネガティブな感情を出すことは悪いこと、いけないことと教えられてきました。だからトレーニングの最初のうちは、それがなかなか出てこなかったり、「こんなことを書いてもいいの？」と躊躇してしまったりすることもあるでしょう。でも大丈夫。ノートはそんなあなたの気持ちを全部受け入れて、聞いてくれる存在なのです。

基本トレーニング❶の【感情吐き出しトレーニング】に慣れてきたら、それと一緒に取り組んでもらいたいのが、❷の【感情寄り添いトレーニング】です。たとえばイヤなことがあったとき、

「気にしないの！」

と言われるのと、

「イヤだったよね」

と共感してもらえるのとでは、後者のほうが「ほっと」しますよね。けれども私たちは、《無意識》に前者を選択していることが多いのです。これは自分にだけでなく、まわりの人にもそう言っていることでも、よくわかりますね。

実は、こうして**感じてもらえなかったネガティブな感情は、なくならないであなたの中で蓄積して溜まっているん**ですね。だから、**どんな感情も否定せず、共感してあげる。**それが【感情寄り添いトレーニング】です。

何度も言いますが、**大事なのは、自分がその感情に気づいてあげること。感情は、「そうだったんだね」と共感してあげるだけで、「ほっと」します。**

「泣きたいときには、泣いていいよ」
「怒りたいときは、怒っていいよ」
「落ち込んでいるなら、思いっきり落ち込んだらいいよ」
そう自分を受け入れてくれる存在として、ノートを活用してください。

それでは、**【感情吐き出しトレーニング】と【感情寄り添いトレーニング】**を一緒にやってみましょう!

❶ネガティブな感情が湧いてきたときに、その気持ちをそのままノートに吐き出していきます。

❷ある程度吐き出してスッキリしたら、次はその言葉をオウム返しで、「そうか、○○だったんだね」「○○と思ったんだね」と、「超意識」が何も否定しないで聞いてくれているように受容していきます。

〈例〉あなたのネガティブな感情→「超意識」

「今日は、なんかモヤモヤする！」→「今日はなんかモヤモヤするんだね」

「ああ、ムカつく！」→「ムカつくことがあったんだね」

「もっと大事にしてよー」→「もっと大事にしてほしかったんだね」

「イヤだったー」→「イヤだったんだね」

「マジでやめたい」→「マジでやめたいって、思ったんだね」……など

感情を吐き出してみると、「まさかこんな汚い言葉が自分から出てくるなんて」「こんな私は見たくない」と思ってしまうこともあるでしょう。普段、ネガティブなもの

を表に出さないようにしてきた人はとくに、目を覆いたくなるような言葉が出てくることもあるんですね。それでも**ノートは、そのままのあなたを受け入れてくれます。**

「超意識」は完全に自分の味方――その状態を意識的にあなたの中につくり出していくのです。

だから、安心して、感情を吐き出しましょう。最初のうちは、「超意識」より、第1章に出てきた厳しい〈心配性のおかん〉の声が大きく聞こえてくることもありますが、繰り返しトレーニングすることで、「超意識」はあなたの中で育っていきます。

諦めずにトレーニングしていきましょう！

基本トレーニング❸
イヤな気分のときはチャンス！
望み抽出トレーニング

基本トレーニング❶と❷で自分に寄り添えたら、今度はそのトレーニングの形を少し変えて、**吐き出した言葉から「あなたが望んでいること」を見つけ出しましょう。**

自分の望んでいることがわからない——最近はこういう声を聞くことが多くなりましたが、それは自分の望みが見つからないのではなく、イヤと感じることに鈍感になっているからなのかもしれません。

なぜなら、**望みはイヤな気分になったときほど出てくるもの**だからです。逆に、平常心のときは、なかなか見つけにくいものなんですね。

以前は私も、新月のときに10個の望みを書き出す、ということをやっていましたが、今は時にこだわらず、感情が動いたときにこの【望み抽出トレーニング】で、自分の望んでいることを聞く時間をもつようにしています。

ただ、この望みを出すためには、タイミングとコツがあります。

たとえば人から粗末に扱われたとき、ムカッとすることがありますよね。この**ムカッという感覚、実は「自分はそういう扱いをされたくない！」と思っていることのあらわれなんですね。それが、あなたの本当の望み**なのです。

でも、望みとしては、それだけでは不十分で、「じゃあ、あなたはどういう扱いを

されたいのか」というところまで出す必要があります。この場合で言えば、

「そういう扱いをされたくない！」

←

「じゃあ、どういう扱いをされたいの？」

←

「大切にされたい」

というところまで出すのです。ただ、このまま望んでしまうと、「大切にされたい！」と思っている状態が叶ってしまうので、118頁でクルマのナビのセットにたとえたように、**最終的に味わいたいと思う「大切にされている自分」＝〈望みのゴール〉の気分をイメージします。**つまり、ゴールにたどり着くためには、「感情」「気分」まで落とし込んで、それを味わっている自分をイメージするのがコツです。

では早速、一緒にやってみましょう！

❶ネガティブな感情が湧いてきたときに、その気持ちをそのままノートに吐き出していきます。

❷ある程度吐き出してスッキリしたら、まずはその自分に寄り添いましょう。

❸その上で、次の①から③の順番で自分の望みを抽出していきます。

①まずは何がイヤだったのか、何を望まないのかを箇条書きで書いていきます。

〈例〉・粗末に扱われてイヤだった
・なんだか、今の職場の人間関係がしんどい
・1日中体がダルいのがイヤ
・お金がないのがイヤ

②「じゃあ、どうだったらいい？」と自分に問いかけます。【超意識】

〈例〉・大切にされたい
・自分にとって居心地のいい人たちとかかわりたい
・体が心地よく、スッキリしたい
・お金がほしい

③それを、自分の〈望みのゴール〉に書き換えていきましょう。

〈例〉・大切にされている私
・居心地のいい人間関係に恵まれている私
・体がスッキリと心地よい私
・お金にいつも恵まれている私

私はお金や仕事のことで悩んでいたとき、このトレーニングで自分の望みに意識を合わせては「ほっと」することを繰り返していました。すると、悩みがスルッと解決したり、お金がひょんなところからあらわれたりすることがよくありました。

「たったこれだけで？」と思うかもしれません。でも、**イメージと感情をしっかり味わう時間をもつことで、望みを実現するためのアイデアやひらめき、情報、あるいは「そのもの自体」がやってくるようになる**のです。ネガティブな感情が湧いたときは、「チャンスだ！」と思って、ぜひ取り組んでみてください。

ここまでは基本トレーニングを3つ紹介しましたが、いかがでしたか。まずはこれだけでも、日常の気分は十分に楽になると思います。

次は、さらに「意識の書き換え」を起こすことで現実を好転させる【意識の書き換えトレーニング】に入っていきます。

少しだけ応用編になりますが、これによって人間関係によい変化が起こったり、悩んでいたことが次々と好転していったり、ひょんなところから600万円が入ってきたり……と、多くの方々からたくさんの報告を受けています。

「自分が《無意識》にどんなことを信じているのか」に気づけるトレーニングでもあるので、基本トレーニングに慣れてきた方は、ぜひ取り組んでいきましょう。

現実を好転させる5つのステップ！
意識の書き換えトレーニング

これは、私が現実を次々と好転させていったトレーニングでもあります。行うのは、「ネガティブな感情になっているな」と思うときがベストタイミング。

今の望まない現実をつくっているあなた自身の「思い込み」に気づき、望みに意識を向けていきます。悩んだときは、ぜひトライしてみてください！

ステップ❶ ネガティブに気づく

今までの**望まない現実を手放していく上で、最も大切なのが「自分のネガティブな感情に気づく」こと**です。落ち込む、モヤモヤする、悶々とする、腹が立つ、イライラする、悲しくなる、不安になる、心配する、恐れる、焦る……などの**ネガティブな感情は、「私はそれを望まない」というサインとして内側から湧いてくるもの。**

これは一見、自分の外で起こる出来事に対して湧いている感情のように思えますが、「私たちは意識していることを見ている」という仕組みからすると、そのタネは外ではなく、あなたの中にあるもの、ということがわかります。

ということは、《無意識》に意識していることに対して、「私はこの現実を望んでいません」と反応することによってネガティブな感情はあらわれてくるということ。
でも、多くの人が、大切なサインとしてあらわれているネガティブな感情を忌み嫌い、スルーし、このサイン自体をどうにかしようとしてしまいます。

だからまずは、こうしたことを自分自身がやっていることに気づく必要があります。今の望まない現実はどうして起こっているのかという視点に立つためにも、**日常の中で自分が何に反応し、ネガティブな感情が湧いているのかということに「気づく」トレーニングをしていきましょう。**

また、第2章で述べたように、**ネガティブな感情は望みに向かって動き始めるときほど強く出てくる**もの。これは意識の上で抵抗する力が強くあらわれ、「エゴの声」が発動するためです。多くの人はこのネガティブな感情が出てきたことで、「私にはできないのではないか」「私は何か間違ったことをしているのではないか」と思い、取り組み始めたことをやめてしまったり、諦めムードになってしまったりします。
でも、そこはトレーニングをしていくことでぜひ越えていきたいところ。ネガティブな感情に支配されたまま、何かの決断をするのは、もうやめにしましょう。

そのためにも大切なのは、次の2点です。

①どんなときも、まずは「私はネガティブになっているな」「何かここに抵抗を感じているな」と気づく。

②そして、「ああ、落ち込んでいるんだな」「腹が立っているんだな」と、その感情を見つめる。

②のコツは、「ただ感情を見る」こと。「落ち込んでいる自分はダメだ」といったジャッジをするのではなく、「よく出てきたね」と歓迎する気持ちで見る。そうすれば、感情は「ほっと」するものです。

これができるようになると、トレーニングがしやすくなりますし、結果も出やすくなります。ゆっくりで構いません。ぜひ取り組んでみてください。

ステップ❷　ネガティブをアウトプットする

日常の中で、ネガティブな感情に気づけるようになってきたら、今度はそこから「自己対話」をしていきましょう。

方法は、**ネガティブな感情が発動したときに、**

「何がイヤだった？」

「何に悩んでいるの？」

と、自分に質問します。そして、

・あの人が威圧的でイヤだった

・SNSの「いいね！」が少なくて、不安になった

・仕事を辞めたいけれど、先のことを考えると不安

・お金がどんどん減っていくから、焦る

というように、**自分の答えをノートなどにアウトプットしていきましょう。**

タイミングは、ネガティブな感情が発動しているときがベストですが、もし外出先や仕事中などで、すぐにアウトプットできない場合は、そのあとでも構いません。

また、**ネガティブな感情が発動しているときは、罵詈雑言が出てくるもの。それもジャッジせずに、ノートなどに素直に書いておきましょう。**

ノートはあなたを無条件に受け入れてくれる「超意識」です。

気の済むまで話をちゃんと聞いてくれますので、あなたの中にあるネガティブをしっかりここで吐き出しておきましょう。

ステップ❸ ネガティブと対話する

ネガティブな感情を吐き出して、波立っていた感情が少しずつ落ち着いてきたら、**「超意識」の視点でノートに書いた言葉を眺めてみましょう。**

まずは、

「なんて言われている気がした?」

「どうなる気がした?」

と自分に問いかけます。そして、

・自分がダメと言われている気がする
・自分の発信が、何か間違っている気がした
・今の仕事を辞めたら、もう働ける場所がない気がした
・お金がこのままなくなっていく気がした

というように、その答えをノートなどにアウトプットしていきます。

ステップ❹ 望みに意識を向ける

このステップで思い出してもらいたいのは、「私たちは意識していることを見ている」という仕組み。

ネガティブな感情が出てくるのは「ああすれば、きっとこうなる」と、あなたがステップ❷と❸で書いたことを信じているから。それがあなたの《無意識》が信じている「思い込み」なんですね。《無意識》の中で意識しているから、現実に起こる出来事もそのように見えてしまうのです。

だからまずは、その「思い込み」を手放しましょう。**「私はこう信じていたけれど、それは真実ではないかもしれない。意識することを変えていけば、現実は変わるかもしれない」**と思ってみるのです。最初はそう思えなくても、そう思ってみることが大切です。

そして、**この先もステップ❸で書いた「思い込み」を信じたまま生きたいのか、それとも、「ほっと」する現実を信じていきたいのかを、自分に問いかけます。**

そこで、「今のままではイヤ」と、答えが出たならば、

・ありのままの自分を受け入れてもらう
・何を発信しても大丈夫！「いいね！」がどんどん増える！
・とてもやりがいのある仕事ができるようになる！
・お金を使ってもどんどん増える

……と、あなたが望むゴールや、これから見て体験したい現実をノートに書き出しましょう。

このとき、「こんなのはムリだよね」「こんなことはあり得ないよね」という「制限」

はいりません。

「なんでも選べるとしたら、どんな現実を体験したいのか」を書き出してください。

ステップ❺ 気分を先取りする

このステップでは、ステップ❹でアウトプットした現実がもし未来に起こったら、そのときあなたが感じると思われる、

・安心している

・満たされている

・「ほっと」している

・ワクワクしている

といった気分を、今、先取りして感じます。

自由に、あなたの感じることをノートに書いてください。

もし、イメージするのが難しければ、コーヒーを飲んだり、お風呂に入ったりと、あなたが一番「ほっと」する場面を思い浮かべるのでも構いません。**そのときの感覚を感じ取り、未来の現実で感じる感覚に近づけていきましょう。**

《無意識》に握りしめていた「思い込み」は、私たちの中にいくつもあって、いろいろな場面で繰り返し出てくるもの。

だから、その**《無意識》の「思い込み」が、だんだんと書き換わって反応しなくなり、逆に自分が意識したことが、現実の中でどんどんあらわれるように、このプロセスを繰り返しやっていきましょう。**

早い人で翌日、または1週間以内に、何かしらの形で、現実にあらわれてくるはずです。

なかなかネガティブな感情から抜けられない人も、このプロセスを繰り返すことで、現実化に向けてゆっくりと変化していくこともありますので、意識的にやっていくことをオススメします。

ケース別・意識の書き換えトレーニングにトライ！

ネガティブな感情が出てくるときは、新しく生まれ変わるタイミングでもあります。**変化は、一見不幸な顔をしてやってくる**ものなんですね。

けれども、**そこで何に気づき、何に取り組んでいくかで、現実は面白いほどの展開を見せてくれます。**

私自身の経験でも、「さあこれからだ！」という矢先に、次々と現実が崩壊していったときには、わけがわからずとても落ち込んだものでした。

でもそこから短期間で、「ほっと」できるようになり、望んだことが次々と叶うようになっていったのは、やはり**ネガティブをきっかけに、どこに意識を向けていくかを明確にしていった**ことが、転機になったのだと思います。

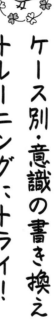

そこでここでは、私たちがよく陥りがちな不安や心配、疑いや焦り、自己否定や罪悪感、欠乏感などに見舞われた状況から、意識をどこにどのように向ければ現実が好転していくのかを、トレーニング法とともに紹介していきましょう。

「○○になったらどうしよう?」と思い始めたら信頼ましましトレーニング

○○になったら、どうしよう?——そんな思考が出てくるのは、まだ起きていないことを不安に思ったり、心配したり、疑ったり、焦ったりしているとき。それは同時に、自分の未来や自分自身、または人を信じられなくなっているときでもあります。

そんなときは、一旦立ち止まりましょう。そのままの意識で、思考を一生懸命巡らせても、現状を変えるのはなかなか難しいからです。

たとえばカフェに入って、ミートソースを注文したあとに、その料理がちゃんと出てくるか心配になることはないですよね。

また、お金持ちはスーパーで食材を買うときに、よほどのことがない限り、「買えるかな?」と不安になったり、いろんなスーパーのチラシをあれこれ見比べたりすることはありません。それは、そんなことを心配しなくてもいいほど、お金があるからです。だから安心しているし、「ほっと」しているんですね。

つまり、**私たちが普段感じる不安や心配、焦りは、「この現実を私は信頼できていません!」と思うときに湧いてくる感情**だということ。それは、**《無意識》に自分が信じていることを知らせてくれるサイン**でもあるんですね。

残念ながら、「○○になったらどうしよう?」という意識状態でいたのでは、不安や焦りはずっと続くことになってしまいます。だからまずは、自分がどういう意識状態にあるのかに気づく必要があります。

そこでここでは、**不安や心配、疑い、焦りなどの感情が湧いてきたときに、あなたが《無意識》に信じていたことを知るためのトレーニング**を紹介します。

【信頼ましましトレーニング】

① 不安や心配、焦りが出てきたら、その不安な思い——何が心配で、どうなりそうで不安や焦りが出るのか——をノートに吐き出してみましょう。

〈例〉・あの人間関係の中に入れるかどうか心配
・○○の支払い期日に間に合うのかどうか焦る
・このままじゃ、子どもがまともに育たないんじゃないかと不安

② 不安な思いをある程度吐き出してスッキリしたら、その吐き出した言葉を、

「そうか、○○だったんだね」

「○○と思ったんだね」

と、「超意識」が、あなたの言葉を否定しないでそのまま聞いてくれているように受容していきます。

〈例〉・そうか、あの人間関係の中に入れるかなって思ったんだね

・〇〇の支払い期日に間に合うかどうかと思っているんだね
・このままじゃ、子どもがまともに育たない気がするんだね

③無制限になんでも選べるとしたら、あなたが体験したい現実はなんですか？（あなたが望んでいる状態はなんですか？）

〈例〉・人間関係にいつも恵まれている
・〇〇の支払い期日に余裕で間に合う
・子どものことに安心していられる

④前の質問で出した答えのようになるとわかっていたら、あなたは今、どんな気分ですか？

〈例〉・安心
・ほっとする
・いい気分になる

⑤ ④で出した気分を、日常の中で意識して感じるようにしていきましょう。

このトレーニングでは、**今の現実がどうかを考える必要はありません。④で感じた気分が、未来に体験する現実をつくっていくので、意識して気分を転換するようにしていきましょう。**

おそらく慣れるまでは何度も不安になったり、焦ったりを繰り返すでしょう。それでもそのたびに意識して、このプロセスを反復していきましょう。

そうしているうちに、ある時期から不安や焦りが湧いてこなくなり、「大丈夫だ」と思えるようになっていきます。そして、物事が思わぬ形でうまくいったり、「大丈夫だ」と感じられる（自分を信じられる）体験ができるようになっていくのです。

私自身、こうした不安や心配を感じやすい性質だったので、このトレーニングは本当によくやりました。お金や自分の望みにネガティブになることが多かったのですが、このトレーニングをやることで、その翌日にお金が入ってきたり、望みを叶えるための情報が入ってきたりと、現実が面白いくらい動いていきました。

みなさんも、「不安がきた！」と思ったら、「よっしゃ～!!」というくらいの勢いで、取り組んでみてください。

「やらなきゃ」に追われていると思ったらやらなくていいトレーニング

「なんだか最近の私、すごく疲れているな」

「なんであの人は手伝ってくれないんだろう？」

「やることがいっぱいで、なんだか追い立てられるように毎日が過ぎていく……」

そんなふうに思うのは、**《無意識》下に、「やらなきゃ」という意識があるときです。**

また、あなたの中に何かしらの「思い込み」があることで、必要以上に何かを背負い込んでいるときでもあるんですね。

そんなときにオススメしたいのが、【やらなくていいトレーニング】です。

もしかしたらあなたは、こう思うかもしれません。

「やらなくていいって、私以外に、誰がそれをできるって言うの？」

その答えは、このトレーニングを行っていくことで、きっと見えてきます。


【やらなくていいトレーニング】

①まずはあなたが何に疲れているのか、何がしんどいのかをノートに書いて、その思いを吐き出してみましょう。

〈例〉・子どもたちが私の言うことを聞いてくれなくて、疲れた
・朝から晩まで１日中家事をやっていて、しんどい
・仕事の人間関係に疲れた。それに見合うお給料をもらっている気がしない

②①であなたのしんどさを書き出したら、今度はその言葉をわかってあげるように、「そうか、○○だったんだね」「○○と思ったんだね」と、「超意識」があなたの

言葉を否定しないでそのまま聞いてくれているように受容していきます。

〈例〉・子どもたちが言うことを聞いてくれなくて、疲れたんだね
・朝から晩まで1日中家事をやっていて、しんどかったんだね
・仕事の人間関係に疲れたんだね。それに見合うお給料をもらっている気がしないんだね

③なんでも無制限に選べるとしたら、あなたが体験したい現実はなんですか？（あなたの望んでいる状態はどういうものですか？）

〈例〉・子どもたちと楽しくかかわれる
・誰かが家事をやってくれる
・自分のペースで働いても、十分なお給料をもらえる

④それが実現できるとしたら、あなたは今、どんな気分になりますか？

〈例〉・安心する

第3章
『ほっとするトレーニング』で目の前の現実を書き換えていこう

・ほっとする
・いい気分になる

「やらなきゃ」という感覚が出てきたら、それを意識していきましょう。また、**「自分がやらなくてもいいこと」「やらなくて済むこと」を書き出して、まわりと相談しながら、それを実践していくのもいい**ですね。

最初は「やらないこと」に罪悪感が湧くこともありますが、そこはガマン、ガマン。まずは「やらない」と決め、ゆるゆると過ごす時間を大切にしましょう。

クライアントさんの中には、このトレーニングに取り組んだことで、家事や育児を「完璧にやらなきゃ」と思い込んでいたことに気づき、Uber Eatsを活用したり家事代行を頼んだりして、自分がゆっくりできる時間を意識的につくるようになったという方もいます。

また、起業して、アロマサロンを「毎日オープンしなければならない」とがんばっていたのを、このトレーニングをすることで、サロンの稼働時間を月10日間、お客さまを1日1組に絞ったところ、逆に売り上げが上がったという方もいます。

ここで大事なのは、**「やらなきゃ」という原動力で動いていた自分を、一旦「やらなくていい」と許してあげること。エネルギーをゼロにして、「やらなきゃ」という思い込みを手放し、「やりたい」のエネルギーを原動力に変えていく**んですね。

そうやって意識的に転換していくことで、現実も穏やかに変えていきましょう。

「なんでこんなことが起きるの!?」と思ったら 自分受け入れトレーニング

「なんでこんなに失礼なことをされるの?」
「がんばってるのに、なぜ報われないの?」
「なんでこんな思いをしなきゃいけないんだろう……」

そんなふうに感じたときは、要注意。自分との対話が必要です。

「あのとき、もっとこうしておけばよかった」

「私のせいかもしれない」

「私がこんな育て方をしたから……」

と、**自分を責める言葉が出てきたり、過去を後悔してネガティブな感情が湧いたりしたときもまた、自分に対して何を思っているのか、知る必要があるん**ですね。

それは、こうした思いが出るときは、自分を軽く扱ったり、自分には罪があると《無意識》に思い込んでいたりすることが多いからです。


スピリチュアルの世界には、自分のまいたタネは自分に返ってくるという法則があります。意識についても、「私はこの程度の価値しかない」と思っていれば、それと同じような扱いしかされないということですよね。また、「自分には罪がある」と思っていれば、その罪を責められていると感じられる出来事が起こる……。

つまり、**すべては自分の意識が生み出している**ということなのです。

もしあなたが、今体験していることを変えたいと思うなら、その現実は、

「自分が何を〝思い込んでいる〟から起きていることなのか」

ということに気づくことが大切です。それに気づけば、今体験している現実は自分で変えていけます。それでは早速、そのトレーニングをしていきましょう！

【自分受け入れトレーニング】

①ネガティブな感情が湧いてきたときに、何がイヤだったのか、今感じていることをそのままノートに吐き出してみましょう。

〈例〉・なんで、あんな失礼な態度をされなきゃいけないの？
・こんなにがんばっているのに！
・なんであのとき、助けてあげられなかったんだろう？
・あんなこと、言わなきゃよかった

②少し気持ちが楽になってきたら、次にその吐き出した言葉をオウム返しのように、

「そうか、〇〇だったんだね」

「○○と思ったんだね」

と、「超意識」がなんの否定もせずに聞いてくれているように受容していきます。

〈例〉・なんであんな失礼な態度をされなきゃいけないのって思ったんだね

・こんなにがんばっているのにって思ったんだね

・なんであのとき助けてあげられなかったんだろうって思ったんだね

・あんなこと、言わなきゃよかったと思ったんだね

③あなたは何もなくても無条件に価値がある存在だとしたら、どんな感覚になるでしょうか？　また、あなたの書いた罪悪感が、もう許されているのだとしたら、どんな感覚になりますか？

〈例〉・信じられない

・心がザワザワする

・安心する

・ほっとする

いかがでしたか？　おそらく、いろいろな感覚が出てきたと思います。

そこでもう一度思い出してもらいたいのが、「私たちは意識していることを見ている」ということ。「私は何かをしないと価値がない」と思っていれば、その価値をつくり続けなければいけない現実を見続けるでしょう。また、自分を許していなければ、許されていない現実を見続けるでしょう。

一方、**「私は存在しているだけで価値がある」**と思えば、**自分の居場所で「ほっと」できるし、「もう罪は許されている」**と思えば、**許されている証拠がどんどん見えてくるようになる**んですね。

大事なのは、**あなたの見たい現実は、自分の意識を変えていけば見ることができる**ということ。あなたには、その選択権があることを思い出してください。

あなたがもし、自分のいる世界を天国のような幸せな場所にしたいと思うなら、どうかあなた自身に、優しい眼差しを向けてあげてください。

自分自身をどういう目で見るか。それが、自分の体験する現実を変えていきます。

そこには、条件も資格もいりません。あなたがそう思うだけでいいのです。

何をやっても満たされないときはあるある感じるトレーニング

願いをいくら叶えても、満たされない感覚があったり、忙しくしていないと落ち着かなかったり、人から「すごいね！」と言われないと自分には価値がないように感じてしまったり……。そんなときは、自分が思っている以上に、**「私には◯◯がない」という方向に意識が向いてしまっている**んですね。

そう、私たちの意識は、つい足りないものに向きがち。これは万人に共通する「《無意識》のクセ」なのです。

でも、この意識のまま毎日を過ごしていると、いつも追われているような感覚になり、疲れがなかなか取れなくて、辛くなってしまいます。また、そういう状態のときは、願いが叶いにくく、何をしてもうまくいかない状態に陥りがちです。

そこで、ここでは、**なんとなくモヤモヤする、満たされない、心にポッカリ穴が空いているような気がする、といった感覚があるときに試したいトレーニング**を紹介します。「これをやると、いいことがいっぱい起こる」と、クライアントさんからとても人気のあるトレーニングなので、ぜひトライしてみてくださいね。

【あるある感じるトレーニング】

朝起きたときや夜寝る前などに、そこに「ある」物事に意識を向けて、それをじんわりと味わうように感じる時間を、意識してつくってみてください。

〈例〉朝目覚めたときであれば、シーツの感触や毛布の暖かさ、夜寝る前であれば、今日あったことを思い出し、体験したことをじんわり感じてみたり……。

「えっ？　それだけ？　そんなに小さなこと⁉」

と思うかもしれませんが、逆に「ないない」の意識状態にあるときは、私たちは「そんな小さなことすら」自分に許していないのです。

今あるものに意識を向けて、それを「感じる」時間を自分に許してあげること。それだけで、日常の気分が変わるだけでなく、嬉しいことが起きたり、思ったことがすぐに叶ったり……といったことが起こるようになります。

もし、これをやってもなかなか気分が晴れない人は、**基本トレーニング❶と❷**の【感情吐き出しトレーニング】【感情寄り添いトレーニング】を行ってから、この【ある感じるトレーニング】にトライすることをオススメします。感情を出せるようになってから行うと、より効果が上がります。

また、願いを叶えたい人にも効果があるので、心がなんとなく満たされない、物事がうまくいかないと思ったら、目の前にあることをじんわり味わう習慣をつけていきましょう。

誰かを見てうらやましいと思ったら あなたも輝くトレーニング

「いいなあ、うらやましいなあ。あの人、うまくいっているなあ。なのに私は……」

誰かと比べて、そう思ってしまうことって、ありますよね。

この嫉妬心がさらに進んで、「うらやましい」とさえ素直に思えなかったり、自分の何かを奪われたような気持ちになったり、怒りの気持ちに変わったり。そして、自分には何もないような気がして、果てしなく落ち込んでいったり……。そこまで行ってしまうと、どんどんどんどん悪いほうに流されていってしまいますよね。

実は、こうした**「うらやましい」という感情や嫉妬心は、あなたが本当は望んでいるのに、なかなかそれが叶わないときや、そんな自分に気づいてあげていないときにあらわれる**ことがよくあるのです。

そのタネ明かしをする前に、トレーニングをやってみましょう！

【あなたも輝くトレーニング】

①あなたがうらやましいと思う「その人」を見たときに湧いてきた気持ちを、ノートに書き出してみましょう。

〈例〉・あの人ばっかりチヤホヤされて、ズルイ！

・可愛くて、いいなあ

・ああ、なんで私は変われないんだろう……

②気持ちをある程度吐き出して、自分に寄り添ったら、あなたはその人のどこに反応したのかを、箇条書きで書き出してみてください。

〈例〉・チヤホヤされていること

・可愛いところ

・どんどん結果を出して変化していくところ

このように書き出してみると、改めてあなたが何に反応していたのかが明確になりますよね。実は**私たちは、自分の中にあるものにしか反応しないようにできているの**です。つまり、自分の中にないものには反応できないのですね。

あなたが②の問いで反応したということは、あなたの中にその願望があるということ。諦めていないからこそ、あなたの中に反応が起きるのです。

その願望を、あなたはきちんと意識できていますか？

「うらやましい」と思うだけで、きちんと意識できていないのではありませんか？

だからまずは、

「私もチヤホヤされたい！」

「可愛くなりたい！」

「どんどん結果を出して変化していきたい！」

という**自分の願望を素直に受け入れてあげましょう。**

「自分もそうなっていいんだ」

「望んでいいんだ」

と**許すことで、自分の中から制限が外れていきます。**そして、それを純粋に望むことで、あなたの現実にもそれがあらわれてくるようになるのです。

またこれは、嫉妬される側の場合も同じです。自分が自分の才能や豊かさを受け入れていないと、「嫉妬されることが気になる」ということがよくあります。

その場合も、このトレーニングは有効なので、②の問いで「相手があなたのどこに反応したと思ったのか」を書き出してみてください。

それがあなたの受け取っていない素晴らしさです。

人をうらやましいと思う気持ちは、あなたの願望に気づかせてくれるチャンス！

そして、あなたの意識が広がるタイミングでもあります。ぜひ嫉妬やうらやましいという気持ちから、あなたの望みに気づくようにしましょう！

そして、「自分のダメさ」も「素晴らしさ」も、もっともっと受け取っていけるようにしましょう。日常はそのためのトレーニングに溢れています。

第４章

「ほっと」したら
こんなに変わった！
６つの幸せをあなたへ

みんな同じように悩んでいたんだね

みなさん、トレーニングはいかがでしたか。
《無意識》に意識していたことや信じていたことに気づいた方も、たくさんいるのではないでしょうか。

この章では、みなさんと同じように悩み、私のところへ相談に訪れた方たちが、実際にトレーニングに取り組んだことで、どんなふうに変化していったのかを紹介していきましょう。

実際の体験談を読むことで、さらに理解も深まると思いますので、ぜひトレーニングの参考にしてください。

❶「やらなくていい」と気づいたら、世界が優しくなった！
――人に頼らず１人でがんばっていたYさんの場合

子育て中の主婦の方の中には、「私が全部やらなくちゃ」と、１人で家事や子どもの世話に追われ、気づいたときには何もやる気がなくなっていた、という方が本当にたくさんいます。

その１人であるYさんも、以前はママ友と一緒にいても、趣味のお稽古の場でも、家でも「ほっと」できなかったと言います。Yさんは、まわりの人たちみんながうまくいっていて、キラキラと輝いて見えているのに比べて、「私は……」と落ち込むことが多く、子育てがしんどくても、誰にも頼むことができなかったんですね。

当時はものすごく疲れていて、「人と会うのが面倒くさい」「いなくなりたい、もうどうでもいい……」という気持ちが、心の大半を占めていたと言います。

そんなYさんがトライしたのは、**【感情吐き出しトレーニング】**（145頁）と**【感情寄り添いトレーニング】**（147頁）、そして**【やらなくていいトレーニング】**（172頁）。ちょうどそのころのYさんは、子どもが甘えてくるのがしんどくて、ネガティブな気持ちばかり出ていたとのこと。そこで、トレーニングでは思いのまま罵詈雑言をノートに書き出していくことから始めました。

そしてことあるたびに、「甘えるな！」「グズグズうるさい！」「自分でできるでしょ」「……こんなことを思ってしまう私は、やっぱり母親失格だ」……という言葉を出していきました。

そうしたある日のこと。Yさんはふと、子どものころ、親に抱っこをされ、ギュッと抱きしめてもらった経験がなかったことや、

「私だって親にやってもらっていないのに、なんで子どもにしなきゃいけないんだ」

という思いをずっともっていたことに気づいたと言います。

「そうか……、私は**子どものころ、『甘えない』『泣かない』『グズグズ言わない』『何も言わない』**って**決めたん**だっけ。**今、『ほっと』**できないのは、そんな声が頭の中

で鳴り響いていたからだ。本当はずっと、寂しかったんだ……」

それからのＹさんは、**自分１人でやっていたことを１つひとつやめていき、まわりの友だちや旦那さんに、「手伝って」「助けて」「これをやって！」と言うトレーニングをしていきました。**

すると、徐々に変化が。以前は「誰も助けてくれない」と思っていたのに、まわりのみんなが快く手伝ってくれるようになったと言います。そして、旦那さんにも甘えられるようになり、悩みのタネのお子さんとのスキンシップも、前ほど気にならなくなったとのこと。

ノートと向き合うことでＹさんは、「私は寂しかったんだ」と気づき、「まわりに頼る」という、自分にとって必要な行為を見つけていったんですね。あとは、実際にまわりの人に協力してもらいながら、自分に対しても「やらなくていい」と許していくことで、現実にも変化があらわれてくるでしょう。

自分の本当の気持ちは、自分と向き合う時間をもつことでわかるもの。人に頼らず

１人でがんばっている方は、Ｙさんのように《無意識》で「やらなきゃモード」に入っていることが多いので、この事例を参考に、改善していってもらいたいですね。

❷「超意識」が味方だと思ったら人間関係が怖くなくなった！
——職場の同僚からのいじめに悩んでいたＩさんの場合

私のところに相談に来られる方の中には、「いじめ」に悩んでいる方も多くいらっしゃいます。会社員のＩさんもその１人。

Ｉさんが以前働いていた職場には、彼女が何かをするたびに、目配せをしながら陰でコソコソ話をしたり、無視をしたり、笑ったりする人たちがいて、行くのが本当にイヤだったと言います。毎朝の通勤時、職場が近づいてくると手や足が震えて、そのたびに心を強くもって向かっていたとのこと。

そんなＩさんがトライしたのは、**【感情吐き出しトレーニング】**（１４５頁）と**【感**

情寄り添いトレーニング】（147頁）。その職場の人たちに言いたいけれど、言えないことを思う存分、ノートに書きまくってもらいました。

Iさんの場合も、「ふざけんな！」「笑うんじゃねえ！」「こそこそ話すな、私に言え！」「私の何がおかしい！」「お前らのほうがおかしいだろ！」……とノートに感情を吐き出していくと、自分でも驚くような罵詈雑言が出てきて、涙を流しながら書きなぐっていったと言います。

そして、「超意識」に、「そうだよね、辛かったよね」「それでいいよ、思う存分出して」と、感情に寄り添ってもらうことを繰り返していきました。

しばらく経ったある日、Iさんはトレーニングをしながら職場での意地悪な光景を思い浮かべていると、なんとそこには、**以前のような弱々しい自分ではなく、ものすごく強くて大きな自分があらわれ始めていることに気づいた**と言います。

またそれと同時に、現実の職場でも同僚に意地悪をされることが減っていったそうなのです。それまで気になっていた同僚たちの態度も、徐々に気にならないものになり、気づけばみんな優しく接してくれるように。

そうした変化の中で、Ｉさんは、ずっと**現実は変わらないと思っていたけれど、自分の内面が変わったことで、こんなにも自分のいる環境が変わった**ことに、とても驚いていました。自分の中にある「超意識」という存在に気づいていくことで、状況をよくしていったんですね。

❸「できる私」を手放したら仕事が楽しくなった！
——「バカにされたくない」という思いに気づいたＳさんの場合

今の職場に不満を抱きながらも、なかなか転職できない方は多いと思います。

ファストフード店で10年以上働いていたＳさんもその１人。働き始めたころは、仕事はポジティブにがんばればうまくいくと思っていたので、実力主義の職場では、やればやっただけ成果が上がり、まわりにも認められて順調にいっていたとのこと。

しかし、そんな彼女に転機が訪れます。よくしてくれていた上司が辞め、自分のいる環境がガラッと変わってしまったのです。

後任の上司は、前の上司とはまったく違う評価をする人で、Sさんはそれまでの「仕事ができる人」から、一挙に「できない人」へと扱いが変わっていきました。そのときの彼女は、辛くて、情けなくて、とても苦しい気持ちだったと言います。

そんなとき、彼女は『ほっとするトレーニング』に出合い、自分が全然「ほっと」できていないことに気づいたのですね。そして、自分をもっと大事にしたいと思い、仕事のシフトを減らし、職場を休むようになったとのこと。

でも、たまに行く職場では自分の居場所はなく、Sさんは自分の力を発揮できない歯がゆさや、「できない人」として扱われることへの怒りを感じるばかり。

また、そんな自分を許せず、職場を休んだことを次第に後悔するようになったんですね。彼女の中では、自分を大切にしたい気持ちと、職場を休んでしまった後悔とが交互にあらわれ、その先どうしたらいいのかわからなくなっていたそうなのです。

そこで、彼女には**【意識の書き換えトレーニング】**（１５６頁）に取り組んでもらうことにしました。**仕事でネガティブな感情が湧いてきたときにノートに吐き出し、そこにどんな「思い込み」が隠れているのかを見つけていく**のです。

彼女がノートに書いたネガティブな感情は――「見下されている気がする」「ほかのみんなは楽しそう」「冷たい空気」「もう傷つきたくない」「怖い、もうイヤ」「私をバカにするな！」「私はできない人間じゃない！」「私を見くびるな！」「でも、自分だけが仲間に入れない」「また傷つけられる」「バカにされている」「軽く扱われている」「ここでの居場所はない」……と、おびただしい数のものでした。

ノートに向き合うたびに、ものすごい怒りが出ていたと、Sさんは言います。

でも、これを何度も繰り返すうちに、ある日、その怒りの大元は、

「もともと自分の中にあったものなのでは？」

と思うようになったんですね。そして、まわりに認められていたころも、**自分ではポジティブなつもりだったけれど、実は、人にバカにされたくなくてがんばっていただ**

けなのかもしれないと思ったそうです。

その後Sさんは、もっと楽な仕事で、自分が自由になれる職場に行きたいと思うようになり、その望みに合ったところに転職しました。新しい職場では、仕事をしていても、自分のポンコツさ加減に笑ってしまうようなことも多いと言います。

でもそのおかげで、すごく楽に仕事をしている自分がいて、今の仕事に感謝の気持ちが湧いてくるとのこと。

また、以前自分が、「仕事のできる私でいたい」とノートに書いていたことを思い出して、そう思い込んでいたことにも気づいたと言います。仕事ができなくても、失敗しても、自分を責めず、幸せを感じられる仕事があるんだということがわかって、Sさんにとっては大きな前進だったそう。

ひがんだり、落ち込んだりすることはあるけれど、「できない自分でもいいんだ」と思えたことで、今の幸せを感じられるようになったのですね。

④ コンプレックスは「あってもいいんだ」と思えた！
――悩んだきっかけは人に笑われたことだったNさんの場合

自分のコンプレックスに悩んでいる人は多いですよね。はたから見れば、なぜそんなことを気にしているのかと思えるようなことでも、本人にとっては大きな問題。私を訪ねてくれたNさんも、そんな悩みを長年持ち続けていた方でした。Nさんにとってのコンプレックスは、思うように声が出ないこと。

きっかけは、学校の授業で音読をさせられたときに思うように声が出ず、まわりから笑われたことでした。それからというもの、人前で話したり、仕事で発言したりするような場面になると、声がちゃんと出るのかがすごく心配になって、血の気が引いていく感覚になると話してくれました。

そんなNさんがトライしたのは、**【信頼ましましトレーニング】**（167頁）。声のことで、不安や心配が出てきたときに、**その気持ちをノートに吐き出し、とにかくそれをジャッジせずに、ただただ自分の不安な気持ちをわかってあげる**ことを繰り返しました。

Nさんの場合は、**仕事中はほとんどノートを使わないということだったので、仕事の合間に、スマホのメモ機能に不安を吐き出し、頭の中で「超意識」が話を聞いてくれているように受容する、という方法で進めていきました。**

「また声が出なかったら、どうしよう」「恥ずかしい」「やりたくないな。またイヤな思いをするんじゃない？」――Nさんは、そんな不安な声が出てくるたびに、「また声が出なかったらどうしようって思ったんだね」「恥ずかしいって思ったんだね」「やりたくない、またイヤな思いをするんじゃないかって思ったんだね」と、自分に声かけをしていくようにしました。

すると「超意識」との自己対話がどんどん進化し、自然に、「大丈夫、声はちゃん

と出るよ」「誰かが笑ったとしても、私は笑わないよ！」「やりたくないなら、やらなくていいよ」「できなくてもいいよ。1人じゃないよ。私がついているから安心して！」という声に、1つずつ書き換えるようになっていったんですね。

そうしているうちに、Nさんは徐々に血の気が引いていく感覚があまり出なくなり、人前で話すことが以前よりもずっと苦痛ではなくなってきたと言います。

その後のある日のこと。翌日、新しく入った環境で久々に人前で自己紹介をすることになったNさんは、不安がまた顔を覗かせる感じがあったそうです。でも以前とは違って、見て見ぬ振りをすることなく、「不安なんだね」と自分にちゃんと寄り添った上で、「私は、どんな体験をしていきたいの？」と自分に問いかけたとき、**「大丈夫だった」と安堵している未来の自分の姿が頭に浮かんだ**とのこと。

そして、自分の意識を「失敗しても、大丈夫だよ」と「ほっと」させてあげていると……、電話が鳴って、「明日の集まりは中止で、自己紹介もなくなりました」という連絡が。「本当にほっとしました」と、Nさんは笑いながら話してくれました。

コンプレックスは克服しようとがんばるのではなく、「あってもいいんだ」と受け入れることで、だんだんと気にならなくなったり、その状態をムリに乗り越える必要はないと思えるようになったりするものなのですね。

⑤「ほっと」したらお金のことで悩まなくなった！——自分にお金を使うことにとても抵抗があったHさんの場合

人付き合いにお金はつきもの。けれども、とくに主婦の方は、どうしても自分のことにお金を使うのは「いけないこと」と思い、お付き合いも控えめにしている人が結構いらっしゃいます。


私のところに相談に訪れた主婦のＨさんも、以前は、それが大きな悩みだったそう。彼女はある日、友人たちから「ホテルのランチに行かない？」と誘われました。でも、ＳＮＳに載っていたランチメニューには、なんと５０００円という金額が……。

「どうしよう、主婦の私にはこんなお金、ランチに使えない」

「でも、行かないって言ったら、お金がないみたいで恥ずかしい」

Ｈさんはそう思い悩んだ結果、そのときは嘘をついて、行くのを断ったとのこと。

そんな自分をなんとか変えたいと、Hさんがトライしたのが**【信頼ましましトレーニング】**（167頁）でした。彼女は、同じような場面でネガティブな感情が湧いてきたとき、その感じた気持ちをそのままノートに吐き出し、**「何を選んでも大丈夫なのだとしたら、私は本当は何がしたいの？」**と、自分に聞くことに挑戦してみることにしました。

Hさんはその後、同じような誘いを受けたとき、またネガティブになっていることに気づき、ノートに自分の気持ちを思う存分書き始めたとのこと。

「また来たな、この感じ。なんでこんなお金がないときに限って、誘いが来るのよ！」

「あ〜あ、行ってみたいけど行けない」

「でも、お金を使うのは怖い！　怖い！　怖い！」

そして、そこまで書いたところで、ふと思ったと言います。

「あ！　私、本当は行きたいんだ」

「ワクワクするし、行ってみたい！」

また、「自分のために使うとお金がなくなる」という**〝謎の思い込み〟をもっていたことにも気づいたそう。**

「もしかしたら、お金はそんなに減らないのかもしれない！」

「いや、むしろ自分のために使ったら、もっといいことがあるかもしれない！」

その結果、彼女は友人たちとのランチに参加してみたと言います。すると、

「数カ月前に過ぎちゃったけど、あなたへのお誕生日プレゼント♪」

と、みんなが奢ってくれて、思いがけずとても楽しい時間を過ごしたそう。

それをきっかけにHさんは、自分の買い物をするときも「できるだけ安いものを」という意識をもっていたことにも気づき、お金を気にせずに、自分がときめいたものにお金を出すトレーニングにもトライ（これは、またの機会にご紹介しますね）。

すると、旦那さんに臨時収入が入ったり、両親からお小遣いをもらったり、思いが

けないところからお金が出てきたり、といったことがたびたび起こるようになったとのこと。そして今では、お金を使うことに対して以前のような不安感はなくなり、「大丈夫なんだ」という感覚が勝るようになってきていると話してくれました。

Hさんは、**ネガティブな感情が出たことをきっかけに、ノートと向き合うことで、自分の「思い込み」に気づけた**のがとても面白かったと言います。

それはノートと向き合い、「ほっと」するということを意識しなければ、気づけなかったこと。自分が何を信じるかで、こんなにも現実に変化が起きるんですね。

⑥「生きていてくれるだけでいい」が流れを変えた!
――息子さんの不登校がきっかけで不安に陥ったMさんの場合

最後は、お子さんの不登校に悩んで私のところに相談にいらしたMさんの話を紹介しましょう。

「学校に行きたくない」――そんな息子さんの言葉がきっかけで、Ｍさんは次々と不安が吹き出してくるようになったと言います。

「学校で何かあったんじゃないか」

「もしかしたら、いじめられているんじゃないか」

「このまま、この子はダメになってしまうのではないか……」

そんな不安を取り除こうと、Ｍさんが最初に取り組んだのは、**【自分受け入れトレーニング】**（１７７頁）。まずは息子さんについての不安や心配な気持ちをノートに書き出してもらいました。

そこでは、「このまま家にずっと引きこもってしまったら、どうしよう」「この子の面倒をずっと見るのはムリ。このままじゃ、この子が１人になっちゃう」「逃げるな！　甘いんだよ！　弱いんだよ！　そんなんじゃ、生きていけないぞ！」「この子の自業自得でしょ。でも、この子はそんなにダメなんだろうか？」「なんで誰も助けてくれないの？」……と、毎日毎日、何ページにもわたって、そんな不安と息子さんを責める言葉のせめぎ合いが続いたとのこと。

また、旦那さんからも、

「このままでいいのか？　あいつは逃げているんじゃないのか？」

と言われ、まるで自分の育て方が責められているような気がして、ますます気持ちは落ちていくばかり。それでもMさんは、ノートに自分の気持ちを書き出したあとは、

「あ〜、そう思っていたんだね」

と、受容していくことを繰り返していったんですね。

そうしているうちに、自分の気持ちが落ち着いてくるようになり、ノートと向き合うたびに、「ほっと」できる瞬間が増えていったと言います。


そしてある日、Mさんは、息子さんに対して抱いていた自分の気持ちが、実は、「人が怖くて、馴染めない私」「自分に自信がなくて、ダメ出しばかりの私」「イヤなことがあれば、すぐに逃げてきた私」……と、**長年自分自身に向けて言い続けてきた言葉だったことに気づいた**んですね。つまり、自分の姿が息子さんを通してあぶり出されていた、ということ。

そこでMさんは、**今の息子さんを受け入れることは、ずっと否定してきた自分を受け入れることになると覚悟して、自分から出てくるものはすべて、「そう思っていたんだね。そう思っていいんだよ」と、肯定していった**そうなのです。

あるとき、私はMさんに尋ねました。

「息子さんがどうなったら、幸せ？」

すると、Mさんは、

「息子が生きていてくれるだけでいい。それだけで十分」

と、素直に答えてくれました。そして、ご自身の口から出た言葉にハッとした表情をされていました。Mさんはそのときを境に意を決し、息子さんに対しても、

「学校を休んでいいよ。行かなくても大丈夫だから」

という言葉が自然と出るようになったと言います。

「このままでいいのか？」と言っていた旦那さんも、Mさんの「大丈夫だから」とい

う言葉に腹を決めて、息子さんを信じるようになったとのこと。

それからのMさんは、息子さんのどんな姿を見ても、どんな状況でも、「ほっと」することを意識するように心がけていったんですね。


ある日、学校から今後のことで電話があったときのこと。息子さんが、

「保健室に行くだけでもいいですか?」

と答えた言葉を聞いていたMさんは、本当に嬉しかったと言います。

それを機に、息子さんは時間をかけて少しずつ学校に通い始め、クラスの仲間たちの間にも入れるようになって、なんと、今では彼女もできたのだそう。

中学校の出席日数で危ぶまれていた高校受験も無事に通過し、毎日楽しそうにしているとのことです。

「息子が生きていてくれるだけでいい」という思いにたどり着くまでのプロセスは、彼女にとっても、息子さんにとっても、とても大事な時間だったのだと思います。

第5章

「ほっと」できない15のお悩みQ＆A

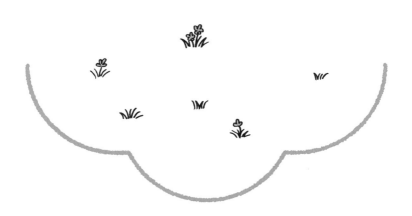

わからないこと、疑問に思うことにお答えします

「私だけが悩んでいると思っていたけれど、みんなそうだったんだ」
「こういうトレーニングをしていけばいいんだ」
「今日から、私も少しずつやっていこう」

第4章のさまざまなケースを読んで、そう思われた方はたくさんいらっしゃるのではないでしょうか。

ここからは、『ほっとするトレーニング』について寄せられた質問の中から、数の多かったものを15個、Q&Aの形で紹介していきます。みなさんもぜひ参考にしてくださいね。

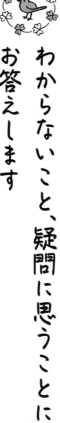

Q1 自分責めがどうしても止まりません

「なんで、こんなことができないんだろう？」

「なんで私は、こんな人間なんだろう？」

そんな自分を傷つける声が、頭の中で鳴り止まない。

「こんなこと、思っちゃダメだ。私はサイテーだ」

「こんなことを気にする私は、頭がおかしいのかな」

そうやってずっと同じことばかりを考えて、自分を責め続けている……。


ここまで述べてきたように、今まで見てこなかったネガティブな感情と向き合うようになると、自分を責める言葉が次から次へと出てくることがあります。

実はこうした声は、**ネガティブと向き合い始めたから出てきたのではなく、それまで気づかないところでずっと何年も、頭の中にあったということ**なのですね。

まずは、そのことに気づけたことが、とても大きな1歩だということを、認めましょう。そして、自分責めをしているあなたを、許してあげてほしいのです。

自分責めをする理由は、なんだと思いますか？

そう、あなたを守るためなんですね。あなたの中の「エゴの声」が、あなたを守ろうとしていたのです。あなたを傷つけないよう、悲しませないようにしていたのかもしれません。理想の状態や完璧な姿になることが、あなたが安全に生きるためには必要だと信じていたのかもしれません。

でも、**あなたは《無意識》の中にあったその「エゴの声」に気づき始めました。**

だからまずは、これまで何度も述べてきたように、ノートを使って、気が済むまで自分責めの声を書きなぐってください。そして、その気持ちをわかってあげるように、「○○って思っていたんだね。辛かったね。苦しかったね」

と、今までがんばってきた自分を、精一杯抱きしめてあげましょう。

さあ、ここであなたに、「人生の選択権」が戻ってきました。

このまま自分責めをし続ける人生もあるでしょう。でも、ここから意識を向ける先を変えることで、あなたの人生が劇的に変化していくとしたら、あなたは自分にどんな言葉をかけてあげたいですか？

もし、あなたが自分のいる場所で安心して生きていきたいと思うのであれば、あなたが「ほっと」できる「言葉かけ」を意識的に自分にしてあげるようにしましょう。最初のうちは、自分責めの声のほうが大きく聞こえてくるかもしれません。それでも、**自分が言ってもらいたい言葉を意識的に選択していくようにする**のです。

そのときは、

「今まで守ってくれてありがとう。でももう大丈夫だよ」と、「エゴの声」に語りかけてあげてください。

それを繰り返しやっていくことで、自分責めの声は聞こえなくなっていきます。その証拠に、息苦しさがおさまり、体中に入っていた力が緩んでくるはずです。

急ぐ必要はありません。

自分との仲直りは、ゆっくり時間をかけて取り組めばいいのです。

Q2 ノートに書けないときは、どうすればいいですか?

ネガティブな感情が発動したときに、その言葉をノートに書くようにお話しすると、仕事中や移動中などで、すぐにノートに書けないことがある、という声をいただくことがよくあります。確かにそうですよね。

「ああ、ムカつくわ〜。ちょっとノートに書いてきます!」

なんて言って外に出ていったら、おかしな人だと思われますものね(笑)。

そんなときは、**スマホのメモ機能やその辺にある紙やレシートに思ったことを書き出しておいて、そのあとノートにゆっくり向き合える時間にメモを見返してみる**、というので大丈夫です。また、メモも取れないという状況であれば、**あとでゆっくり時間ができたときに、思い出しながら書くのでもOK**です。

大事なのは、**ノートに書くこと自体が目的なのではなく、自己対話を通して自分に寄り添う時間をちゃんと確保してあげること。**やり方に慣れてくれば、ノートを使わなくても、脳内で自分が自分の味方になって望みに意識を向けられるようになります。

でも、慣れるまでは、ぜひノートを通して、自分の《無意識》に気づく時間をつくるようにしてください。

Q3 怒りをぶつけられることが多く、「ほっと」できません

これは、「ほっと」することを意識して過ごしているのに、他人から怒りをぶつけられることが多いということですよね。

そのとき、自分の中からどんな言葉が出てくるでしょうか？

まずはそれをノートに書き出してみましょう。


他人から怒りをぶつけられたり、気分を害されたりするときの根本原因を突き詰め

ると、自分の内面＝「エゴの声」に起因していることがよくあります。

たとえば、他人から怒りをぶつけられるときは、あなたが怒りをガマンしていたり、怒ることを悪いことだと思っていたりすることがよくあるんですね。そんなときは、あなたの中で「エゴの声」が、「出していい感情」と「出してはいけない感情」をより分けているのです。

また、他人によって気分が害される場合も、自分が自分をないがしろにしていたり、気持ちにフタをしてしまったりしているときに、「エゴの声」が「よく見ろよー‼」と言わんばかりに、他人を使って感情をあぶり出していることがあるのです。

こうしたことは、あなたが自分を大事にしようと思い始めたときほど、顕著にあらわれるかもしれません。つまり、**見るべきなのは他人ではなく、「他人の言動によってあなたの中に湧いた感情」**ということなのです。

そんなときは、まずはノートにありのままの感情を吐き出し、「そう思ったんだね」

と受容していくようにしましょう。あなたが自分の中にある感情に気づいて、わかってあげることで、その感情は昇華していきます。

そうすると、理不尽な思いをすることも次第に減っていくはずです。

他人から怒りをぶつけられて、いい気分になる人はいませんよね。だから、**あなたは自分の一番の味方として、自分をそんな場所にはいさせないようにしましょう。**そうすることで、こうした体験は〝あなたの世界〟からなくなっていくはずです。

Q4 願いが叶わないときは、どうしたらいいですか？

「引き寄せの法則や宇宙の仕組みを知って、いろいろな願いを叶えてきたけれど、肝心な願いほど叶いません」

そういう相談も、よくあります。

私自身、引っ越しや出版など、なかなか叶わない願い事がありました。また、チャンスは来たのに、それをものにできなかったという経験もあります。

そうした中で思うのは、その**願いに乗せた思いがあればあるほど、その思いが重しとなって、叶うのに時間がかかってしまう**ということ。願いは、そこに乗せるエネルギーが軽ければ軽いほど叶うのも早くなります。

だから、トレーニングで意識を変えていくと、「イチゴが食べたい」と思ったら、すぐに手元に届いたり、駐車場で「クルマを便利な場所に止めた～い」と思ったら、望んでいた場所が空いたりといった軽い願いはすぐに叶うようになるのです。

それは、その願いを叶えるときに、**抵抗のエネルギー**が出ないため。

一方、なかなか叶わない願いは、それを実現するためには大きな労力がかかるので、叶えることが難しいと思っていることが多いもの。また、願うことすらおこがましいと思えるようなこともありますよね。「私はそんなことを実現するのはムリだ」と、最初から決めてかかっているようなケースです。

そうした願いごとは、ワクワクする気持ちより、ネガティブな感情のほうが先に強

第５章
「ほっと」できない
15のお悩みＱ＆Ａ

く出てくることが多いはず。それは、頭の中で「エゴの声」が発動することで、ネガティブな感情になっているからなんですね。

でも、だからと言ってその夢は叶わないわけではないんですよね。なぜなら、**小さな願いを叶えていくことで、大きな願いを手繰り寄せることはできる**のです。

本書は「基本編」なので、詳しい話はまた別の機会にしますが、いきなり大きなことにチャレンジするのではなく、抵抗のエネルギーを最小限に留めつつ、1段1段実現の階段を上っていく方法であれば、難しい夢を叶えることはできるでしょう。

そしてもう1つ言っておきたいのは、**なかなか叶わない願いごとについては、叶わないほうがいい場合もある**ということ。

以前、クライアントさんで、片思いをしていた彼とお付き合いできるように、試行錯誤しながらも、やれることはすべてやった方がいました。でも、その彼とは最終的にお付き合いはできなかったのです。ご本人はとても落ち込んでいましたが、私は「これはこのあと、何か展開があるな」と思っていました。

すると案の定、その後出会った方と意気投合して、すぐに結婚。今はとても幸せな家庭を築かれていて、彼女は私にこう言ってくれたのです。

「あのとき、彼に振られて本当によかった」

そう、当時はわからなくても、あとになって振り返ると、すべては完璧な流れで進んでいたんですね。でもそれも、彼女が悔いが残らないくらい取り組んだからこそ。

みなさんも、**「自分はこうなりたい！」という思いがあるのなら、中途半端に願うのではなく、まずは自分がその気持ちと真摯に向き合い、そのためにできることを精一杯やっていくことが大切**です。

Q5 「やりたいこと」「好きなこと」がわかりません

望みが出てこないのには、原因が２つあります。

1つ目は、頭の中が「エゴの声」でいっぱいになっているため。**「〇〇しなきゃ」「これはこうするべき」「これはムリ！」「できない！」「ダメ！」「私なんて」という言葉が、《無意識》に頭の中で常に鳴り響いていたら、そりゃあ制限だらけで、望みも出てきません**よね。

その状態では、自分の中での「望みの選択肢」が少なくなるため、選ぶことすらできないのではないかと思います。

そして2つ目は、**そもそも感情が動いていないから**なんですね。

毎日、なんの刺激もなく、家と職場を往復しているだけで、何かに追われるように1日が過ぎていれば、感情も動きづらいでしょう。現実がなかなか変わらない、現状維持のままというときも、そもそも感情が動いていないことがよくあります。

感情が動かなければ、そこから自己対話をすることもないので、自分の本当の望みには気づきにくいのです。

また、「〇〇をしたい」という**望みをとても大きく捉えている場合**もあるかもしれません。そんなときは、望みに意識を合わせる前に、**まずは頭の中にどんな言葉がいつも居座っているのかに気づく**必要があります。

自己対話をしていても表面的な会話にしかなっていない場合も、なかなか望みに到達することはできません。そのときは、しっかり自分と向き合う時間を取ったり、内容を深掘りしたりしていくことで、自分を知る必要があります。

望みは、自分を豊かにするための〝道しるべ〟で、その1歩目はとても小さなことから始まります。たとえば、「休みたい」「寝たい」「ゆっくりしたい」といった小さな望みすら叶えていないのに、１０００万円稼ぐことや世界一周を実現するのはムリな話ですよね。ものには段階というものがあるのです。

だから、**自分にとって無視しがちな日常の小さな望みほど大きな望みにつながる**と思ってください。コツコツと取り組んでいくことで、望みも拡大していきます。

また、**感情が動かない人は、感動することが少ない**状態にあります。それはもしかしたら、忙しすぎて感じることをやめているのか、感じる前に頭で処理してしまっているのかもしれません。どちらにしても、まずはゆっくりできる時間をつくるようにしましょう。

「そんな時間はない」と思っているとしたら、それは優先順位を間違えているだけ。

忙しいという字は、心を亡くすと書きますが、そんな状態では、よいサイクルを自分から生み出すことはできません。だから、5分でもいいのです。自分のためにコーヒーを入れて、ゆっくり味わう。そんな時間を許してあげてください。それだけでも、あなたの中に何かが染み渡るはずです。

Q6 占いで悪いことばかりを言われました

ここでもう一度、意識の特徴を思い出してみてください。

「私たちは意識していることを見ている」でしたよね。

これは、すべてのことに言えることで、例外はありません。

もしかしたら、あなたは何かに悩んだり自信がなかったりしたときに、占いで見てもらったのではないでしょうか。自分がうまくいかないと思っていれば、物事はうまくいっていないように見えるし、自分に自信がなければ、自信がないという現実を見続けてしまいます。

ということは、その**占いの結果も、あなたの意識次第。**

試しに、自分の悩みや自信のない状態をノートにアウトプットし、「私は何をやってもうまくいく」と意識をセットアップしてから、もう一度占ってもらってください。おそらく最初に受けた占いとは、まったく異なる結果を受け取ることになるはず。

すべては、自分の意識が見せている現実です。

あなたの意識さえ変われば、どんな現実も自分で変えていけるということを、心に留めておいてください。占いとはあなたの歩みを止めるものではなく、あなたのためになる知恵や、追い風になることを教えてくれるものなのですから。

どんなものも、自分にとって都合のいいように活用していきましょう！

Q7 罵詈雑言が出てきません

ノートに向き合ったのはいいものの、なかなか罵詈雑言が出てこない、という方は多いでしょう。私のところに相談に来る方の中にも大勢いらっしゃいます。

そんな方によくお話しするのは、「罵詈雑言を吐き出すことが目的ではない」ということ。大事なのは、**自分の思いを素直に吐き出せる場所を自分につくってあげること**なのです。

以前、ある女性が「罵詈雑言をノートに吐き出すのに抵抗がある」と相談に来られたときのこと。その方は見るからにいい人そうで、清純そのものの様子だったのですが、何かとても生きづらそうな感じに見受けられました。

そこで、**ノートは誰にも見せる必要がないこと、ノートの前で素直になることは自分を許すことにつながること**をお話ししてみたところ、彼女はしばらくノートを書くことを続けてくれました。

その後、ノートに書いた言葉を見せてもらったところ、そこには**彼女から出たとは思えないほどひどい言葉が、山のように羅列されていました。**そこで、

「書いてみて、どうでしたか？」

と聞いてみると、それまでノートに書くのは自分の夢や目標などが多くて、最初はなぜ罵詈雑言を書く必要があるのか、意味がわからなかったとのこと。

それでも、とても落ち込んだ日に、ノートにありのままの気持ちを書き出してみると、自分でも目を覆いたくなるような言葉が次から次へと出てきて、止まらなくなったと言います。

そうしているうちに、**自分の中のネガティブを出しきり、ものすごく心が軽くなっている**ことに気づいて、驚いたそうです。そして、

「こんなにネガティブな思いを私の中に溜め続けていて、ごめんね」

と自分に謝ったのだと教えてくれました。

また、こんなクライアントさんもいました。彼女はうつを患っていて、症状をよくするには「いいこと日記」を書くといいと人から聞いて、数日間、何もいいことがなくてもがんばってそれに取り組んでいたのです。でもある日、吐き気をもよおしてしまったとのこと。

これは、**死にたいくらいしんどい気持ちがあるのに、それを無視して、いいことに目を向けている自分が許せなかったから**なんですね。彼女はそのことに気づいてからは、罵詈雑言や今の自分の等身大の言葉を書くようにしたそうなのですが、そのことで、気持ちがとても楽になったと言います。

また、それができるようになると、自然といいことにも目が向き、やりたいことや夢なども書けるようになったそうです。

これは、**私たちの中には、ポジティブな自分もネガティブな自分も共存している**ということ。だから、**どちらかだけを否定すると、今の自分を否定してしまうことになる**んですね。生きづらさの原因はこれだったのだと、クライアントさんたちの体験が教えてくれました。

Q8 「感謝する」ということがよくわかりません

「感謝すると、また感謝したくなるようなことが返ってくる」という言葉がありますよね。でも、自分が感謝できない状態のときに、形だけ感謝をしても意味がありません。それは、感謝は自然に湧いてくるものだからです。

以前、私が入院したときのこと。手術後で起き上がることさえままならない状態なのに、なんとか1人でトイレに行こうと、必死に起き上がろうとしていたのです。その際、手をついたベッドの硬さや枕の弾力、点滴のスタンドについている持ち手の部分などをつくづく眺めながら、患者にとって、とてもありがたい形状になっていることを知ったんですね。私は、そのとき初めてその物の奥にあるつくり手の思いに触れたような気がして、感謝の気持ちがとめどなく溢れ、病室で1人おいおいと泣いたのです。

あの気持ちは、病気で落ち込むことがなければ、きっと味わえないものだったと思います。当時のことを思い出すと、なぜか今でも涙が出ます。

だからこそ私は、**人生において落ち込んだり、ネガティブになったりする時期は、生きる上で必要だと思う**のです。

ネガティブな気持ちを感じるのには抵抗があるという方はたくさんいます。でも、そういう人たちの話を聞くと、みなさん、**ネガティブを感じることに抵抗があるだけでなく、ポジティブな感情の受け取り方も、どこか薄いような印象があります。**嬉しかったり、喜んだりするような場面でも、「あっ、そう」くらいの薄い反応で、ポジティブな感情をあまり感じていないようなのです。

自分たちの中にある「落ち込む」「不安になる」「心配する」「不平不満がある」「怖い」といったネガティブな感情をポジティブシンキングで乗りきってあまり感じない

ようにしてしまうと、ポジティブな感情も感じられなくなることがあります。

だから私は、感謝できないときは、感謝しなくていいと思っています。**それよりも大事なのは、そのときに感じている自分の気持ちを素直に受け取ることを自分に許してあげること。**私たちにとっては、そのほうが自然なのだと思います。

Q9 幸せに近づくと、邪魔をする何かが必ず起こります

自分が幸せに近づいているときに、急にネガティブな感情になることは、誰にでもありますよね。マリッジブルーやマタニティブルーもそうですね。

また、「幸せになるぞ」と決めた途端に、何かしらの問題が勃発したり、嬉しいことがあったあとに人から意地悪なことをされたりする、なんていう話もよく聞きます。

これらはどうして起こるのだと思いますか？

それは、あなたの中の**「エゴ」が、幸せになることに抵抗を感じている**から。

「エゴ」には、よくも悪くもあなたを危険から守る役目があります。だから今、どんなに不幸なところにいたとしても、**これまでいた場所から新しい場所へ行こうとすることを極端に怖がる**のです。それはなぜかと言うと、経験したことがないから。

この本にも何度も出てきましたよね。「エゴ」には未知のことにすごく反応してしまうクセがあるので、たとえ幸せになろうとしているときでも、悪い出来事や邪魔することなどを起こしてしまうという話。何せ〈心配性のおかん〉なのですから。

でも、「エゴ」はそうやって出てくるものだとわかっていれば、あとはそれに引っ張られないように対処すればいいだけです。

また、そんな**簡単に幸せになっていいわけがない、という〝謎の罪悪感〟**によって、人から意地悪されたり足を引っ張られたりするような体験をすることもあります。

そんなときも、ノートに自分の不安や怖い気持ちを吐き出して、

「すべての選択肢が許されるのだとしたら、私はどうなっていきたいの？」

と、自分に問いかけてあげましょう。

それがわかれば、自ずと何を意識したらいいかもわかるはずです。

Q10 トレーニングが面倒で習慣化できません

今まで《無意識》にやっていた習慣を、意識的に新しい意識に変えていくときは、面倒くさい問題に必ずぶちあたります。

あなたも、これまで何十年と《無意識》にやってきた習慣をそう簡単には変えられないでしょう。だから、ノートと向き合うこともだんだん面倒になって、やらなくなってしまった……という方も、もちろんいます。

そんなとき、思い出してもらいたいのが、

「現状に、あなたは満足していますか？」

ということです。

現状でもいいやと思うのであれば、面倒だという思いに流されてやらなくなるのもアリだと思います。なぜならそれは、すべては自己責任でやることだからです。

あなたの人生を幸せにするのも、不幸にするのも、あなた自身の選択次第、ということを、忘れないでいてほしいですね。

私の場合、自分の生きている現実があまりにもしんどかったので、ノートを書くことでその状態を脱せるのなら、そんな容易なことはない、と思って取り組んでいました。そして、ノートと向き合うたびに現状が変化していったので、とても楽しかったのです。だからノートを使った「意識のトレーニング」は、**八方塞がりだった自分にとっての唯一の〝突破口〟。**そういう意味では、面倒と思ったことはありません。

また、ノートに書くのはネガティブになったときだけだったので、その状態から徐々に抜け出すことができるようになると、ノートを開くタイミングも少なくなりました。

最近では、ネガティブな気持ちになると、

「よし！　現実が変わるチャンスが来た！」

とばかりに、意気揚々とノートに向かっている自分がいます（笑）。

トレーニングのノートは、書かなければいけないものではありません。あなたが楽になるため、しんどい現実を好転させるために書くものなのです。

Q11 「ほっと」する感覚がわかりません

「ほっと」する感覚とは、たとえば、**お風呂にゆっくり浸かっているときのような感覚。または、トイレに行くのをずっとガマンしていて、やっと用を足せるというときに、「はあ〜」と安堵した感覚**と言えば、わかってもらえるでしょうか（笑）。

現代社会を生きる私たちは、全身全霊、力をガチガチに入れている状態が通常モードになりがちなので、力を抜く、緩む、「ほっと」する感覚がわからない、という方がとても多くなっているようです。

お風呂に浸かっていても、頭でいろいろな考えごとをしていれば、「ほっと」する感覚は得られませんよね。

だから、そんなときは逆に、一度**全身に力を入れてみる**ことをオススメします。グーッと思いっきり力を入れて、これ以上力が入らない、というところまでいったら、思いっきり力を抜いてみるのです。これは頭で考えただけではわかりにくいので、実際に体を使ってやってみてくださいね。

自分のいる環境を変えてみる、というのもオススメです。

先日、沖縄の宮古島に行って感じたのは、とにかく「ほっと」するエネルギーが強い。だから、普段仕事や勉強で頭を使っている人ほど、現地を訪れると眠くてたまらなくなると思います。

そうやって睡魔が襲ってきたときは、観光などせずに、とにかく寝るのがオススメ。「ほっと」するエネルギーに自分の体が同調して、頭が働かなくなるのですから。

また、**自然の中に身を置くことで、五感から緩んでいくという体験も**できます。

そうすると、感覚が「今」にしかなくなるので、「楽しい」「ほっとする」「嬉しい」

「最高！」……など、出てくる言葉もどんどんシンプルになっていきます。

人口が多く、明かりや電子機器に囲まれている都会では、どうしても思考が優位になりがち。そんな環境にいる人は、定期的に自分を緩ませる時間をつくることで、いいアイデアやインスピレーションも降りてきやすくなります。

「ほっと」する感覚は、意識することでだんだんとその感覚をつかめるようになっていくので、**まずは「ほっとするって、どういう感覚なんだろう」と思ってみるということが、大事**なのかもしれませんね。

Q12 「ほっと」しながら眠れるようになりたいです

眠りが浅い、なかなか寝つけない、睡眠をとっているはずなのに疲れているといった声は、よく聞きますよね。これも実は、頭で考えることが多いために、神経が鋭くなることで引き起こされていることなんです。

私自身も以前はなかなか寝つけず、寝返りを打っている間に朝になってしまったということがよくありました。寝なければいけないのに眠れなくて、余計イライラして眠れない……。そんな「眠れないループ」にはまっていました。

そんな私が、今やベッドに入ったら数分で寝てしまうようになれた理由――それは、**「眠らなきゃ!」と思うことをやめたから**です。要するに、**眠れないときに寝ようとするのが、そもそもの間違いだと気づいた**のです。

今寝なきゃ、明日の仕事や家事に支障が出る、寝なきゃ、寝なきゃと思っていると、

ずっと眠れないことに意識を合わせているので、どんどん「眠れないループ」にはまってしまうんですね。

でも、眠れないなら寝なくていいと、いい意味で諦めると、眠れたりするものなんですよね。世の中のリズムに合わせるのではなく、

「眠くなったら寝ればいい。眠くないなら寝なきゃいい……」

と思って、**自分のリズムに合わせる**ようにすると、自然と眠れるようになっていきました。

また、ベッドに入ったあとも、枕や毛布、布団などの素材の感触の気持ちよさを最大限に感じるようにしています。**寝る場所を、「寝なきゃいけないところ」にするのではなく、まるで天国のように気持ちのいい場所にする**のです。

私は枕をオーダーメイドでつくるようにしてから、ギックリ首やギックリ腰になることがなくなりました。そして、ニトリのNウォームシリーズの布団カバーにしてからは、その柔らかい感触が心地よくて、ベッドがもうそこから出ることができなくなるくらい幸せな場所になりました。

そのくらい寝るところを、自分好みの最高の場所にしていくと、寝ることが楽しみになり、「ほっと」したまま眠りに落ちることができます。

大事なのは、**眠ることを義務にするのではなく、「幸せ＋気持ちのいい」時間を意識していくこと**です。

そして、そのためにできることはなんでもする気持ちで、寝る時間を貪欲に楽しんでください。

Q13 過去のトラウマも「ほっと」させられますか？

過去に意地悪されたことや傷ついたことに対しても、『ほっとするトレーニング』は活用できるか、ということであれば、もちろんできます。

トレーニングで自分の心と向き合い始めると、過去に起きたしんどい出来事も思い出されることがあります。そんなときは、当時味わいきれなかった未消化な感情を今、感じてあげることで、過去の感情を癒してあげられるんですね。

感情は、感じないまま放置されると、そのまま自分の中に蓄積されます。その溜まっていった感情が、「ここにあるよ」と言わんばかりに、さまざまな出来事を通し、繰り返し私たちに感じさせようとしてくるのです。

これは一見しつこい現象に思えるかもしれませんが、逆に言うと、ちゃんと自分で終わらせることができる、ということなのですね。

この感情の感じ方については、第3章の**【意識の書き換えトレーニング】**（156頁）を活用してください。**「あのとき、何がイヤだった？」「あのときは、何を悩んでいたの？」と、思い出せる限りの感情を、ノートに吐き出していく**のです。そうすると、意外なほどすんなりと、気持ちが「ほっと」できるようになっていきます。

感情は、小さな子どもと似ているところがあります。騒いでいる子どもに「うるさい！」と言うと、余計に大きな声で駄々をこねたり、怒ったり、泣いたりしますよね。子どものころ、そうした感情をなかなか外に出せなかった人は、大人になって初めて、さまざまな出来事を通して自分の本当の感情に気づくことがよくあります。要するに、

「感じる」とは、「気づいてあげる」ことなのですね。

五感で不快なものを感じるように、「イヤだった〜」と感じることを許してあげることで、その気持ちは繰り返し感じなくてもよくなります。**今、感じる感情が、過去の自分を癒していく。**そんな意識でトレーニングに取り組んでみてください。

Q14

天災や感染症が怖くて「ほっと」できません

ここのところ毎年のように、台風や大雨による水害などの大きな自然災害が起こり、地震も頻発している上に、新型コロナウイルス感染症も全世界的に蔓延する状況下にあって、緊張状態が続いているという方も多いと思います。そうした自覚症状がない人でも、大なり小なりこうした緊張した状態は体に響いているものです。

そうした中で、「ほっと」できない方もたくさんいるでしょう。

そうした**外から影響を受ける精神的ダメージも、自分の中にあるネガティブな気持ちを吐き出すことで、楽になることがあります。**また、異常に恐怖や不安を感じるという方は、「エゴ」ががんばって自分を守ってくれているのかもしれません。

とはいえ、そうしたネガティブな感情を感じている人ほど、意外と何も準備ができていないことがよくあるのです。こうした災害のときに、一番いただけないのが、感情に支配されてパニックになってしまうこと。映画でも、パニックになって「うわ～っ」となっていた人ほど、最初にやられちゃいますよね（笑）。

そして、こういう**緊迫したときほど大事になってくるのが、「直感力」**です。

先日、テレビのニュース番組で、東日本大震災から10年目ということで、ある方が津波が来たときの経験を話していました。

その方は当初、タクシーに乗って避難しようと車内に乗り込んでいたのですが、ふと何かを感じて窓を開けると、側にあったビルの屋上から、「津波が来てるぞ～‼急いで逃げろ～‼」と叫んでいる声が耳に飛び込んできたというのです。

驚いたその方は、すぐにタクシーの運転手とともにクルマを乗り捨て、近くのビルまで走り、ギリギリのタイミングで津波に巻き込まれずに済んだとのこと。
また、数年前の大型台風のときも、ひどい水害の中、屋上にビニールプールが置いてあったことを思い出し、それに乗ることで命が助かったという話もありました。

こうした**「直感」をキャッチできるのも、《無意識》を味方につけていたから。**

「エゴ」は、危険から身を守るために働いてくれる生存本能です。こうした本能があるから、私たちは日々安全に生きることができているんですね。

しかし、こうした「エゴ」に支配されている状態と、「エゴ」を選択できる状態にあるのとでは、その後の展開がまったく違ってきます。**私たちはあらゆることを体験することで経験値が身につき、自分やまわりの人を守ることができる**のです。

台風や大雨による水害、大地震、新型コロナウイルスのような感染症によるパンデミックは、地球上の自然を原因としているものなので、私たち人間が止めることはできません。そう、地球も生きているんですね。

でも、そこから何かに気づき、自分の生き方に反映させていくことはできます。

現に、私もその中の１人ですが、東日本大震災のときも、新型コロナウイルス禍でも、その痛みを通して生き方が変わったという人はたくさんいます。そういった意味では、**ただ「怖い」「不安」と恐れるだけでなく、「それなら、どうしたらいい？」ということを１人ひとりが考える。**そのことに大きな意味があると思います。

Q15 「感じる」がわかりません

最近、とくによくあるのが、「感じる、ということがわからない」というご相談です。

感覚で感じているようには思うけれど、頭で考えているような気もして、わからなくなる、ということなんですね。

そんなとき、思い出してもらいたいのが五感です。

聴覚、視覚、嗅覚、味覚、触覚。

これらの感覚を意識してみましょう。

その際に**まず意識してもらいたいのが「イヤ（嫌）」、つまり不快の感覚**です。

たとえば、イヤな音というのがありますよね。黒板に爪を立ててこすると出るキーッという音や、氷を噛んだときの音などです。また、香水でも、「この香りはきついな」という感覚があると思います。

そして味覚でも、まずく感じる食べ物がありますよね。ちなみに私は、山羊のチーズを食べるのとアーモンドミルクを飲んだときに、死にます（笑）。

そんなふうに、まずはイヤ、不快という感覚を自分の中から出してみるのです。そうすると、不思議と「好き」「おいしい」「心地よい」という感覚も次第に出てくるようになります。そして、自分にとって好きなものや心地よいものを選び、味わってみてください。

実はみなさん、意外とこれができていないんですよね。たとえば、

・今日のランチで食べる料理をじっくり味わう
・思いっきり息を吸って、好きな香りを嗅ぐ
・吹いてくる風の心地よさを感じる

といった感覚を、意識して味わうようにしていくのです。その際に、一部のおじさまにありがちな、「このランチは◯◯だった」「この香りは◯◯の香りでね」なんていうウンチクはまったく必要ありません。ただただ、味わってみる。そうやって**五感を使って遊ぶ時間を、自分の生活の中に取り入れていく**のです。

私はよく１人でカフェに行くのですが、

そこでコーヒーやラザニアを存分に味わっているだけで、その日1日が最高に幸せな気分になります。

何かをする片手間ではなく、そのものとじっくり向き合いながら楽しみ、味わうと、本当に幸せな気持ちになります。

「感じるトレーニング」として、日常の中にぜひ取り入れていってください！

おわりに

この原稿を書く直前に、ふと2018年に書いたメモが出てきました。

私の入院、そして手術から始まり、『ほっとするトレーニング』が生まれた年……。

そのメモには、こう書かれていました。

「最高に面白く、ワクワクする本を出版することができた！」


あのころはまだ、出版が実現する片鱗など、1つもありませんでした。むしろよくこんなことを書いたものだと思うほど、私はどん底にいたのです。

でも、『ほっとするトレーニング』を続けることで、叶えられずにいた出版への想いを実現することができたら、きっとこのトレーニングは多くの方のお役に立てる――そう思うことが、当時の私にとっては、一筋の光だったのです。

あれから約2年後、私はようやくそのチャンスをつかむことができました。

ただ、それまでのすべてが順風満帆だったわけではありません。思うようにいかなくて、何度も不安になり、諦めたほうがいいのではないかと自問自答したことも、一度や二度ではありませんでした。

それは私自身が、この本が出版されることをなかなか信じられなかったから。

それでも**不安になるたびに、『ほっとするトレーニング』を行い、自分を信じ、私自身の世界を信じてみようと思えるようになったとき、流れは突然動き始めました。**

きっとこうしたすべてのプロセスがなければ、私は今でも《無意識》の中で、いろいろなことを諦め、「仕方がない」と自分をいさめ、妥協しながら毎日を生きていたことでしょう。

だから過去の私に、こう伝えさせてください。

「『ほっと』することで、あなたの思い描いていたことは、ちゃんと叶ったよ！　諦めないでいてくれて、ありがとう！」

この本は、今まで私と出会ってくださったすべてのみなさまのおかげでできました。

原稿を書いていく中で、たくさんの方のお顔が目に浮かびました。

この場を借りて、感謝を申し上げます。


そして最後に、この本を手に取ってくださったあなたへ――。

あなたはこの世界で唯一無二の存在です。

あなたがしんどい思いをしたときは、どうぞこの本のトレーニングをしてください。

そして**どんなときでも、「あなたは無条件に愛されている」ということを思い出してください。**

この本を通して、あなたが自分を信じ、あなた自身の世界を信じて、心から「ほっと」できる感覚を感じていただけたら、私も幸せです。

小林真純

小林 真純（こばやし ますみ）

ほっとするマインドトレーナー

大学卒業後、結婚、出産と順調に人生を歩む中、産後うつで日常生活や子育てができないほど自分を追いつめ、寝たきりの廃人のような生活に。その後、スピリチュアリズム・心理・宇宙の仕組みを学び、実践すると人生がみるみる好転。それをきっかけにカウンセリング、セミナー活動を開始。クチコミで瞬く間に広がるも、積み上げた人間関係・お金・仕事が崩れ、身体も不調になるという、どん底に直面。ノートを通して自己対話を始めたところ、心底ほっとできる状態が訪れ、その翌日から現状が次々と好転。こうした体験から「ほっとするトレーニング（通称ほっトレ）」を構築し、オンラインプログラムやセミナーで展開。現在は、自己受容クラス、自己実現クラスをはじめ、後進育成の養成講座なども開催。現在までに3,000人以上のサポートを行っている。

ネガティブも、ツライ現実も大チェンジ

ほっトレ

2021年12月22日　第1版 第1刷発行
2022年 2月18日　　　　　第2刷発行

著　者　　小林真純
発行所　　WAVE出版
〒102-0074 東京都千代田区九段南3-9-12
TEL:03-3261-3713　FAX:03-3261-3823
振替:00100-7-366376
E-mail:info@wave-publishers.co.jp
https://www.wave-publishers.co.jp
印刷・製本　　萩原印刷

NDC147　255p　19cm　ISBN978-4-86621-390-3